칼슘 중국어

정혜경 감수

북스코어 기획

중국어, 다시 시작하고 싶다면 단어부터 공부하자!
단어가 자연스럽게 회화로 연결되는 독특한 구성!
자투리 시간을 최대한 활용하도록 한 과에 20개, 총 1500개 단어 수록!
HSK 시험 대비 및 주제별 단어 사전, 꼭 필요한 회화 사전으로 활용 가능!

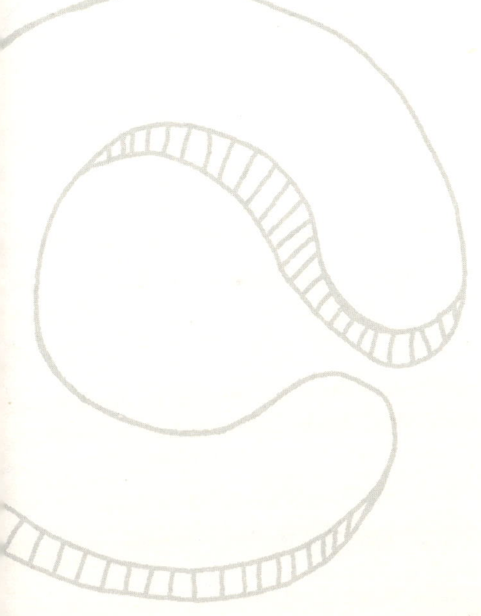

더·큰·생·각·으·로·통·하·는·길

감수 정혜경

고려대학교 일어일문학과를 졸업하고 한국 후지쯔에 근무하였으며 중국 북경대학교에서 중어중문학과 비교문학과 세계문학 석사 학위를 취득하였다. 박사 과정 중 비교 언어학 쪽으로 전공을 바꾸어 현재는 캐나다 빅토리아 대학에서 한국어, 영어, 중국어, 일본어를 포함한 각국의 언어에 대해 연구하고 있다.

단어로 회화의 뼈대를 튼튼하게 하는

칼슘 중국어

초판 1쇄 인쇄 | 2009년 11월 16일
초판 1쇄 발행 | 2009년 11월 25일

감수 | 정혜경
발행인 | 정경미
발행처 | 도서출판 씽크스마트
주소 | 서울시 마포구 서교동 377-26 비전코리아 2층
전화 | 02) 323-5609 / 070) 8836-8837
팩스 | 02) 337-5608
홈페이지 | thinksmart.co.kr
마케팅 | 김태영 kty0651@hanmail.net
기획 및 개발 | 북스코어
표지디자인 | 김회량
디자인 및 편집 | 김은선
제작 | 최영민

ISBN | 978-89-85933-83-4 13720
정가 | 9,800원

북스코어 www.bookscore.co.kr

TEL (02) 332-5092 | FAX (02) 332-5093 | e-mail bkc87@hanmail.net
북스코어는 동서양의 언어와 문화를 조사 연구하여 관련 콘텐츠를 집필, 기획, 개발하는 출판 기획 집단입니다. 영어, 일본어, 중국어 등의 외국어 교육 콘텐츠 개발이 전문분야로 국제적 감각과 유연한 사고, 종횡무진한 기동력을 무기로 국내외 교육 전문가와 함께 한국인 독자에 맞는 콘텐츠를 개발하는 데 주력하고 있습니다. 북스코어에서 기획 개발한 책으로는 《마루짱과 함께 일본어 첫걸음 쫑내기》 《키드키드 중국어 시작하기》 《키드키드 중국어 완성하기》 《단어로 회화의 뼈대를 튼튼하게 하는 칼슘영어》 《단어로 회화의 뼈대를 튼튼하게 하는 칼슘일본어》가 있습니다.

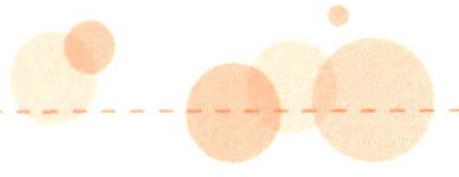

중국어를 배워 보고 싶은데 어떤 방법으로 해야 할지 모른다면 우선 단어부터 시작해 보면 어떨까요? 언어는 습관입니다. 우리는 우리가 사용하는 어휘나 문법에 어떤 특별한 주의를 기울이지 않고 자유롭게 우리의 생각과 사상을 표현할 수 있어야 합니다. 이 자유를 얻기 위해 반복이란 노력이 필요합니다. 이런 이유에서 가장 초보적이면서도 활용도가 높고 누구나 한 번쯤 배웠던 단어를 상황별로 분류하여 어떤 상황에서도 자유롭게 사용할 수 있도록 정리했습니다. 단어의 힘은 셉니다. 늘 가까이 두고 한 단어 한 단어 내 것으로 만들어 보세요. 중국어의 벽을 뛰어 넘는 조그마한 도구가 되기를 바라며 정성껏 만들었습니다. 모쪼록 학습자 여러분의 중국어 공부에 도움이 되기를 기대합니다. 자, 이제 중국어를 시작해 볼까요!

단어만 알아도 중국어가 된다!

중국어를 시작하고 싶은데 어떤 방법으로 해야 할지 모른다면 단어부터 공부하자!

"문법을 모르는데 어떻게… 발음을 잘 모르는데 어떻게…" 고민하지 말고 가벼운 마음으로 일단 단어부터 시작해 보세요. 평소에 말하고 싶고 관심이 많은 주제의 단어부터 시작해서 한 단어, 한 단어 말하다 보면 중국어가 어렵지 않게 느껴집니다.

단어가 자연스럽게 회화로 연결되도록 한 독특한 구성!

"단어만 알면 뭐해? 회화도 못하는데…" 이렇게 생각하시는 분들도 걱정 마세요. 이 책은 단어 학습으로 끝나는 것이 아니라 회화 연습으로까지 이어지게 구성한 것이 특징입니다. 빨간책받침을 이용해 앞에서 익힌 단어를 넣어 가며 회화 연습을 할 수 있습니다. 외국어는 머리로만 학습하면 절대 늘지 않습니다. 단어를 바꿔 넣어 가며 소리 내서 읽고 기회를 만들어 말로 꼭 표현해 보세요.

중국어를 전혀 모르는 분도 쉽게 배울 수 있는 명확한 발음 표기법!

처음 시작하는데 중국어로 가득한 책은 부담되시죠? 이 책은 중국어를 전혀 모르는 분들도 쉽게 발음할 수 있도록 한글과 병음으로 발음을 표기해 놓았습니다. 병음 표기 방식 또한 중국의 어린이들 책에서 볼 수 있는 한자마다 발음을 표기해 주는 방식을 채택하여 처음 중국어를 접하는 분들이 쉽게 학습할 수 있게 하였습니다. 처음에는 병음을 보고 읽다가 병음이 익숙해지면 빨간책받침을 이용해서 병음 부분을 가리고 학습하면 효과적입니다.

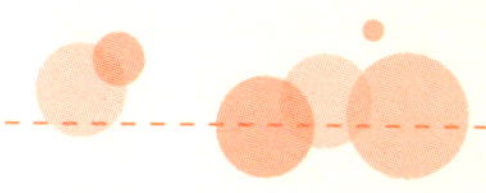

자투리 시간에 빨리, 쉽게 공부할 수 있도록 한 장에 20개 단어, 총 1500개 단어 수록!

너무 많은 단어로 질리지 않으면서도 꼭 필요한 단어들을 공부하도록 각 장마다 20개의 단어를 실어놓았습니다. 버스나 전철 안에서, 잠깐 쉬는 시간에 짬짬이 시간을 내어 매일매일 조금씩 해보세요. 어느새 중국어책 한 권을 다 떼게 됩니다.

주제별 단어 사전, 꼭 필요한 회화 사전, 한중사전으로 활용해 보자!

단어를 주제별로 찾아도 되고, 뒤의 색인을 이용해 한중사전처럼 한글로 먼저 찾아도 되고, 내가 말하고 싶은 회화도 주제별로 찾아 바로바로 써먹을 수 있어 참 편리하답니다. 늘 갖고 다니면서 틈틈이 꺼내서 학습하고 출장, 여행에도 챙겨가서 갈고 닦은 실력을 확인해 보세요.

이 책의 구성

① 제목 – 이 장에 나오는 단어들의 주제를 나타냅니다.

② 단어 – 각 장마다 자주 쓰이고 활용도가 높은 단어 20개를 실었습니다.

③ 발음 – 초보자들을 위해 발음을 한글과 병음으로 달았습니다.

④ 기초회화 – 이 장에 나온 단어를 이용해 다양한 상황에서 쓸 수 있는 실용성 높은 회화를 실었습니다.

⑤ 어법 – 매 장마다 가볍게 읽고 참고할 수 있는 중국어 어법을 다루었습니다.

⑥ 한글 단어 색인 – 궁금한 건 그때그때 찾아볼 수 있는 한글 단어 색인을 실었습니다.

차례

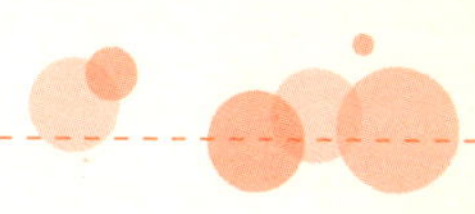

4장 알아두면 도움이 되는 단어

꼭 알아두어야 할
기초 단어

01 인사 1

니 하오
□ 你好 안녕하세요
nǐ hǎo

짜이 씨엔
□ 再见 안녕히 계세요
zài jiàn

자오 샹 하오
□ 早上好 안녕하세요 (아침)
zǎo shang hǎo

후이 토우 씨엔
□ 回头见 또 만납시다
huí tóu jiàn

완 샹 하오
□ 晚上好 안녕하세요 (저녁)
wǎn shang hǎo

밍 티엔 찌엔
□ 明天见 내일 만납시다
míng tiān jiàn

칭
□ 请 ~해 주십시요
qǐng

뿌 하오 이 쓰
□ 不好意思 부끄럽습니다
bù hǎo yì si

라오 찌아
□ 劳驾 실례지만
láo jià

헌 빠오 치엔
□ 很抱歉 매우 죄송합니다
hěn bào qiàn

찌에 꾸앙
□ 借光 잠깐
jiè guāng

씬 쿠 러
□ 辛苦了 수고하셨습니다
xīn kǔ le

웨이
□ 喂 여보세요
wèi

뿌 야오 진
□ 不要紧 괜찮습니다
bú yào jǐn

씨에 씨에
□ 谢谢 고맙습니다
xiè xie

날 더 화
□ 哪儿的话 별말씀을요
nǎr de huà

뿌 용 씨에
□ 不用谢 고마워 할 것 없습니다
bú yòng xiè

메이 꽌 씨
□ 没关系 괜찮습니다
méi guān xi

뚜이 부 치
□ 对不起 미안합니다
duì bu qǐ

워 라이 (바)
□ 我来(吧) 제가 ~할게요
wǒ lái (ba)

니 하오
你好。 안녕하세요.
nǐ hǎo

짜이 찌엔
再见。 안녕, 잘 가.
zài jiàn

씨에 씨에
A **谢谢!** 고맙습니다!
xiè xie

뿌 용 씨에
B **不用谢!** 고마워 할 것 없습니다!
bú yòng xiè

헌 빠오 치엔
A **很抱歉。** 대단히 죄송합니다.
hěn bào qiàn

메이 꽌 씨
B **没关系。** 괜찮습니다.
méi guān xi

오또 姓名의 용법

중국사람과 처음 만나 인사를 나누며 성(姓)을 물을 때 "您贵姓"이라고 한다. 이때 대답은 김 씨일 경우 "敝姓金[비씽진]" 또는 "我姓金[워씽진]"이라고 대답한다.

닌 꾸이 씽
您贵姓? 당신의 성은 무엇입니까?
nín guì xìng

닌 쟈오 션 머 밍 즈
您叫什么名字? 당신의 이름은 무엇입니까?
nín jiào shén me míng zi

02 인사 2

팡 원
□ 访问 방문하다
fǎng wèn

하오 지우 뿌 찌엔 러
□ 好久不见了 오래간만입니다
hǎo jiǔ bú jiàn le

치아오 먼
□ 敲门 노크하다
qiāo mén

랑 니 지우 덩 러
□ 让你久等了 오래 기다리셨습니다
ràng nǐ jiǔ děng le

찌에 샤오
□ 介绍 소개하다
jiè shào

뿌 야오 페이 씬
□ 不要费心 마음 쓰지 마세요
bú yào fèi xīn

찌엔 미엔
□ 见面 만나다
jiàn miàn

뿌 커 치
□ 不客气 별말씀을요
bú kè qi

환 잉
□ 欢迎 환영하다
huān yíng

칭 위엔 량
□ 请原谅 양해해 주세요
qǐng yuán liàng

찌엔 따오
□ 见到 만나다, 보다
jiàn dào

마 판 니
□ 麻烦你 폐가 되었습니다
má fan nǐ

따 찌아오
□ 打搅 방해하다 (일을)
dǎ jiǎo

뿌 깐 땅
□ 不敢当 천만의 말씀입니다
bù gǎn dāng

하오 이
□ 好意 호의
hǎo yì

칭 원
□ 请问 말씀 좀 묻겠습니다
qǐng wèn

크어 치
□ 客气 사양하다
kè qi

씽
□ 行 좋다, 괜찮다 (그렇게 하세요)
xíng

칭 덩 이 씨아
□ 请等一下 잠깐 기다리세요
qǐng děng yí xià

뿌 씽
□ 不行 안됩니다
bù xíng

따 찌아오 닌 러
打搅您了。
dǎ jiǎo nín le
번거롭게 해드려 죄송합니다.

칭 랑 워 라이 찌에 샤오 이 씨아
请让我来介绍一下。
qǐng ràng wǒ lái jiè shào yí xià
저를 소개하겠습니다.

하오 지우 메이 찌엔 미엔 러
A **好久没见面了。**
hǎo jiǔ méi jiàn miàn le
정말 오래간만입니다.

쯔웨이진 쩐 머 양
B **最近怎么样?**
zuì jìn zěn me yàng
요즘 어떻게 지내셨습니까?

찌엔 따오 닌 페이 창 까오 씽
A **见到您非常高兴。**
jiàn dào nín fēi cháng gāo xìng
만나뵙게 되어 대단히 기쁩니다.

워 이에 헌 까오 씽
B **我也很高兴。**
wǒ yě hěn gāo xìng
저 또한 기쁩니다.

오또 **别客气의 용법**

"不要客气[뿌야오커치]"와 같은 의미로서 상대방에 대한 감사의 표시나 접대에 대한 대답으로 사용된다.

씨에 씨에 니 더 빵 쭈
谢谢你的帮助。 도와주셔서 감사합니다.
xiè xie nǐ de bāng zhù

비에 커 치
别客气。 별말씀을요.
bié kè qi

03 대답하기

□ 쓰 **是** 예, ~이다 shì	□ 하오 **好** 좋다, 좋습니다 hǎo
□ 뿌 **不** 아니다, ~않다 bù	□ 헌 하오 **很好** 매우 좋다, 대단히 좋습니다 hěn hǎo
□ 부 쓰 **不是** ~이 아니다 bú shì	□ 뿌 하오 **不好** 좋지 않다 bù hǎo
□ 뚜이 **对** 맞다 duì	□ 흐어 **和** ~ 와 (과) hé
□ 부 뚜이 **不对** 틀리다, 맞지 않다 bú duì	□ 마 **吗** ~입니까? ~인가? ma
□ 요우 **有** 있다 (소유) yǒu	□ 쓰 더 **是的** 그렇습니다 shì de
□ 메이 요우 **没有** 없다 méi yǒu	□ 하오 더 **好的** 좋습니다 (긍정) hǎo de
□ 메이 **没** ~하고 있지 않다 méi	□ 런 **人** 사람 rén
□ 짜이 **在** 있다 (존재, 장소) zài	□ 똥 시 **东西** 물건 dōng xi
□ 부 짜이 **不在** 없다 (존재, 장소) bú zài	□ 양 즈 **样子** 상태, 모양, 모습 yàng zi

워 먼 또우 헌 하오
我们都很好。　　우리는 모두 매우 좋습니다.
wǒ men dōu hěn hǎo

나 거 부 쓰 워 더
那个不是我的。　　그것은 나의 것이 아닙니다.
nà ge bú shì wǒ de

나 거 쓰 부 쓰 니 더
A 那个是不是你的?　　그것은 당신의 것입니까?
nà ge shì bu shì nǐ de

나 거 부 쓰 워 더
B 那个不是我的。　　그것은 제 것이 아닙니다.
nà ge bú shì wǒ de

니 쓰 한 구어 런 마
A 你是韩国人吗?　　당신은 한국사람입니까?
nǐ shì hán guó rén ma

쓰 더 워 쓰 한 구어 런
B 是的,我是韩国人。　　그렇습니다. 나는 한국사람입니다.
shì de wǒ shì hán guó rén

또또 是의 용법

"~이다"의 뜻으로 주어와 술어를 연결시켜 주는 동사이다. 부정의 표현
은 "不是"이다.

쩌 쓰 수
这是书。이것은 책이다.
zhè shì shū

워 쓰 한 구어 런
我是韓国人。나는 한국인이다.
wǒ shì hán guó rén

04 수 1

□ 쑤 무 **数目** 수량
shù mù

□ 이 **一** 하나 (1)
yī

□ 이 거 **一个** 한 개
yí ge

□ 얼 **二** 둘 (2)
èr

□ 리앙 **两** 둘
liǎng

□ 싼 **三** 셋 (3)
sān

□ 쓰 **四** 넷 (4)
sì

□ 우 **五** 다섯 (5)
wǔ

□ 리우 **六** 여섯 (6)
liù

□ 치 **七** 일곱 (7)
qī

□ 빠 **八** 여덟 (8)
bā

□ 지오 **九** 아홉 (9)
jiǔ

□ 스 **十** 열 (10)
shí

□ 스 이 **十一** 열하나 (11)
shí yī

□ 리앙 싼 거 **两三个** 두 세개
liǎng sān ge

□ 띠 이 **第一** 첫 번째
dì yī

□ 지 **几** 몇 (10 이하의 수)
jǐ

□ 지 거 **几个** 몇 개
jǐ ge

□ 메이 거 **每个** 하나 하나 (매개)
měi ge

□ 꺼 거 **各个** 각각
gè ge

니 요우 지 거 하이 즈
你有几个孩子?
nǐ yǒu jǐ ge hái zi

자녀는 몇 명 두셨나요?

워 야오 마이 리앙 번 쑤
我要买两本书。
wǒ yào mǎi liǎng běn shū

나는 책 두 권을 사려고 합니다.

닐 ·요우 지 거 런
A 那儿有几个人?
nàr yǒu jǐ ge rén

거기에 몇 사람 있습니까?

쩔 요우 싼 거 런
B 这儿有三个人。
zhèr yǒu sān ge rén

여기에는 세 사람이 있습니다.

니 야오 지 찐 쭈 로우
A 你要几斤猪肉?
nǐ yào jǐ jīn zhū ròu

너는 돼지고기 몇 근이 필요하니?

워 야오 리앙 찐
B 我要两斤。
wǒ yào liǎng jīn

두 근 주십시오.

两과 二의 용법

수량사 앞에는 "两"을 쓰고 "二"을 쓰지 않는다.

리앙 번 쑤
两本书 책 두 권
liǎng běn shū

리앙 거 펑 요우
两个朋友 친구 두 명
liǎng ge péng you

10 이상 숫자 중의 "2" 즉 12, 22, 32, 102 등의 숫자는 뒤에 수량사가 있든 없든 모두 "二"을 쓴다.

얼 스 바 이 즈
二十把椅子。 의자 20개.
èr shí bǎ yǐ zi

먼 파이 쓰 얼 얼 쓰 하오
门牌是二二四号。 문패는 224호이다.
mén pái shì èr èr sì hào

05 수 2

알 스
□ 二十 이십 (20)
èr shí

알 스 이
□ 二十一 이십일 (21)
èr shí yī

알 스 알
□ 二十二 이십이 (22)
èr shí èr

싼 스
□ 三十 삼십 (30)
sān shí

쓰 스
□ 四十 사십 (40)
sì shí

우 스
□ 五十 오십 (50)
wǔ shí

리우 스
□ 六十 육십 (60)
liù shí

치 스
□ 七十 칠십 (70)
qī shí

빠 스
□ 八十 팔십 (80)
bā shí

지오우 스
□ 九十 구십 (90)
jiǔ shí

이 바이
□ 一百 일백 (100)
yì bǎi

이 치엔
□ 一千 일천 (1,000)
yì qiān

이 완
□ 一万 일만 (10,000)
yí wàn

이 완 뚜오
□ 一万多 일만 여 개
yí wàn duō

치엔 완
□ 千万 수많은
qiān wàn

이 치엔 완
□ 一千万 일 천 만 (10,000,000)
yì qiān wàn

이 이
□ 一亿 일억
yí yì

이 짜오
□ 一兆 일조
yí zhào

쭈오 요우
□ 左右 ~정도
zuǒ yòu

따 위에
□ 大约 대략
dà yuē

니 빠 바 진 니엔 뚜오 따 쉐이 쑤 러
你爸爸今年多大岁数了?
nǐ bà ba jīn nián duō dà suì shu le

올해 너희 아버지는 연세가 어떻게 되니?

닌 스 나 이 니엔 셩 더
您是哪一年生的?
nín shì nǎ yì nián shēng de

당신은 몇 년 생이십니까?

샤오 지예 쩌 거 뚜오 샤오 치엔
A 小姐,这个多少钱?
xiǎo jiě zhè ge duō shao qián

아가씨, 이것 얼마입니까?

싼 스 콰이 치엔
B 三十块钱。
sān shí kuài qián

30원입니다.

요우 메이 요우 짜이 샤오 디알 더
A 有没有再小点儿的?
yǒu méi yǒu zài xiǎo diǎnr de

조금 더 작은 것이 있습니까?

요우 샤오 더 알 스 우 콰이
B 有,小的二十五块。
yǒu, xiǎo de èr shí wǔ kuài

있습니다. 작은 것은 25원입니다.

오또 **第의 용법**

숫자 앞에 놓여 순서를 표시한다.

띠 이
第一 첫째
dì yī

띠 싼
第三 셋째
dì sān

띠 쓰 티엔
第四天 넷째 날
dì sì tiān

띠 우 거 런
第五个人 다섯 번째 사람
dì wǔ ge rén

06 질문 표현

선 머
□ 什么 무엇(입니까?)
shén me

션 머 양 더
□ 什么样的 어떠한 (어떤 모양)
shén me yàng de

쉐이
□ 谁 누구(가)
shéi

션 머 설
□ 什么事儿 어떤 일 (무슨 일)
shén me shìr

쉐이 더
□ 谁的 누구의 것
shéi de

나 이 거
□ 哪一个 어느 것 (선택)
nǎ yí ge

날
□ 哪儿 어디
nǎr

나 씨에
□ 哪些 어느 것 (복수 표시)
nǎ xiē

나 리
□ 哪里 어디에
nǎ lǐ

쩐 머
□ 怎么 어떻게, 왜
zěn me

웨이 선 머
□ 为什么 왜, 무엇 때문에
wèi shén me

쩐 양
□ 怎样 어떻게 (성질, 상황, 방식)
zěn yàng

션 머 스 호우
□ 什么时候 언제 (시간, 때)
shén me shí hou

쩐 머 양
□ 怎么样 어떻게
zěn me yàng

션 머 이 쓰
□ 什么意思 어떤 의미 (뜻)
shén me yì si

쩐 머 빤
□ 怎么办 어떻게
zěn me bàn

션 머 똥 시
□ 什么东西 어떤 것 (물건)
shén me dōng xi

쩐 머 후이 설
□ 怎么回事儿? 어찌된 영문인가?
zěn me huí shìr

션 머 띠 팡
□ 什么地方 어디 (어느 곳)
shén me dì fang

뚜오 샤오
□ 多少 몇 개 (얼마, 몇)
duō shao

타 션 머 스 호우 라이 더
他什么时候来的? 그는 언제 왔습니까?
tā shén me shí hou lái de

쩌 웨이 씨엔 셩 쓰 쉐이
这位先生是谁? 이 분은 누구시죠?
zhè wèi xiān sheng shì shéi

나 웨이 스 추엔 씨엔 셩
A **哪位是全先生?** 어느 분이 전 선생님이십니까?
nǎ wèi shì quán xiān sheng

워 지오 쓰 요우 션 머 쓰 마
B **我就是,有什么事吗?** 접니다. 무슨 일이십니까?
wǒ jiù shì yǒu shén me shì ma

니 씨앙 마이 션 머 똥 시
A **你想买什么东西?** 너는 어떤 물품을 사고 싶니?
nǐ xiǎng mǎi shén me dōng xi

워 씨앙 마이 팡 비엔 미엔
B **我想买方便面。** 나는 라면을 사고 싶다.
wǒ xiǎng mǎi fāng biàn miàn

긍정 + 부정의 용법

어떤 동사나 형용사의 긍정형식과 부정형식을 나란히 놓음으로써 의문의 문장을 만들 수 있다.

쩌 번 쑤 하오 뿌 하오
这本书好不好? 이 책은 어떻습니까?
zhè běn shū hǎo bu hǎo

니 꽁 쭈오망 부 망
你工作忙不忙? 당신은 일이 바쁩니까?
nǐ gōng zuò máng bu máng

07 날씨 1

□ 天气 날씨
tiān qì

□ 晴 맑음 (개다)
qíng

□ 晴天 맑은 날 (갠 날)
qíng tiān

□ 阴天 흐린 날
yīn tiān

□ 云彩 구름
yún cái

□ 阴云 비구름
yīn yún

□ 风 바람
fēng

□ 刮风 바람이 불다
guā fēng

□ 雨 비
yǔ

□ 下雨 비가 내리다
xià yǔ

□ 倾盆大雨 소나기, 장대비
qīng pén dà yǔ

□ 毛毛雨 보슬비, 가랑비
máo mao yǔ

□ 雪 눈
xuě

□ 下雪 눈이 내리다
xià xuě

□ 台风 태풍
tái fēng

□ 打雷 천둥치다
dǎ léi

□ 闪电 번개가 치다
shǎn diàn

□ 下雾 안개가 끼다
xià wù

□ 雨住 비가 그치다
yǔ zhù

□ 天气预报 일기예보
tiān qì yù bào

쭈오 티엔 씨아 위 러
昨天 下雨了。
zuó tiān xià yǔ le
어제 비가 내렸다.

씨아 우 하오 시앙 야오 씨아 쉬에
下午好像要下雪。
xià wǔ hào xiǎng yào xià xuě
오후에 눈이 내릴 것 같다.

찐 티엔 더 티엔 치 쩐 머 양
A **今天的天气怎么样?**
jīn tiān de tiān qì zěn me yàng
오늘의 날씨는 어떻습니까?

타이 하오 러
B **太好了。**
tài hǎo le
정말 좋습니다.

니 팅 티엔 치 위 빠오 러 메이 요우
A **你听天气预报了没有?**
nǐ tīng tiān qì yù bào le méi yǒu
너 일기예보 들었니?

팅 러 티엔 치 위 빠오 쑤어 찐 티엔 씨아 위
B **听了。天气预报说,今天下雨。**
tīng le tiān qì yù bào shuō jīn tiān xià yǔ
들었어. 일기예보에서 말하길 오늘 비가 온대.

동사 + 好의 용법
동작이 완성되거나, 또는 완전한 상태에 도달했음을 나타낸다.

칭 따 찌아 팅 하오
请大家听好。 여러분 들어 주십시오.
qǐng dà jiā tīng hǎo

야오 씨아 위 러 콰이 바 추앙 후 꾸안 하오
要下雨了,快把窗户关好。
yào xià yǔ le kuài bǎ chuāng hu guān hǎo
비가 내리려고 하는데, 빨리 창문을 닫으세요.

08 날씨 2

치 호우
□ 气候 기후
qì hòu

링 씨아
□ 零下 영하
líng xià

차이 홍
□ 彩虹 무지개
cǎi hóng

쓰어 스
□ 摄氏 섭씨
shè shì

츄 홍
□ 出虹 무지개가 뜨다
chū hóng

쓰 뚜
□ 湿度 습도
shī dù

쑤앙
□ 霜 서리
shuāng

치 씨앙
□ 气象 기상
qì xiàng

삥
□ 冰 얼음
bīng

타이 양
□ 太阳 태양
tài yáng

똥 삥
□ 冻冰 얼음이 얼다
dòng bīng

티엔 콩
□ 天空 하늘
tiān kōng

지에 삥
□ 结冰 얼음이 얼다 (결빙)
jié bīng

위에 리앙
□ 月亮 달
yuè liang

깐 한
□ 干旱 가뭄
gān hàn

씽 싱
□ 星星 별(들)
xīng xing

완 씨아
□ 晚霞 저녁노을
wǎn xiá

깐 짜오
□ 干燥 건조하다
gān zào

치 원
□ 气温 기온
qì wēn

위 팅 러
□ 雨停了 비가 그치다
yǔ tíng le

베이 징 더 치 호우 쩐 머 양
北京的气候怎么样?
běi jīng de qì hòu zěn me yàng

북경의 기후는 어떻습니까?

쩌 리 더 춘 티엔 요우 디알 깐 짜오
这里的春天有点儿干燥。
zhè lǐ de chūn tiān yǒu diǎnr gān zào

이곳의 봄 날씨는 약간 건조하다.

찐 티엔 더 치 원 쓰 지 뚜
A 今天的气温是几度?
jīn tiān de qì wēn shì jǐ dù

오늘 기온은 몇 도인가요?

따 까이 싼 쓰 뚜 타이 르어 러
B 大概三十度,太热了。
dà gài sān shí dù tài rè le

대략 30도 정도로 정말 덥습니다.

와이 비엘 렁 란 씨아 저 위 마
A 外边儿仍然下着雨吗?
wài biānr réng rán xià zhe yǔ ma

밖에는 여전히 비가 오나요?

깡 차이 위 팅 러
B 刚才雨停了。
gāng cái yǔ tíng le

방금 그쳤습니다.

看来의 용법

말하는 사람이 객관적 상황에 근거하여 추측함을 나타낸다.

칸 라이 니 뚜이 쫑 구어 더 칭 쿠앙 헌 라오 지에
看来,你对中国的情况很了解。
kàn lái nǐ duì zhōng guó de qíng kuàng hěn liǎo jiě

보아하니, 당신은 중국 상황에 대해 이해가 깊은 것 같습니다.

티엔 인 천 천 더 칸 라이 야오 씨아 위 러
天阴沉沉的,看来要下雨了。
tiān yīn chén chén de kàn lái yào xià yǔ le

하늘이 잔뜩 흐렸는데, 보기에 비가 내릴 것 같다.

09 취미

아이 하오 □ 爱好 취미 ài hào	찌아오 쥐알 □ 胶卷儿 필름 jiāo juǎnr
창 거 □ 唱歌 노래를 부르다 chàng gē	짜오 피엔 □ 照片 사진 zhào piàn
티아오 우 □ 跳舞 춤을 추다 tiào wǔ	야오 꾼 위에 □ 摇滚乐 록큰롤 yáo gǔn yuè
쑤 파 □ 书法 서예, 서법 shū fǎ	얜 창 후이 □ 演唱会 콘서트 yǎn chàng huì
후이 화 □ 绘画 그림, 그림을 그리다 huì huà	탄 □ 弹 (악기를) 치다 tán
지 요우 □ 集邮 우표 수집 jí yóu	깡 친 □ 钢琴 피아노 gāng qín
따 푸 커 □ 打扑克 트럼프를 하다 dǎ pū kè	츄이 □ 吹 (악기를) 불다 chuī
씨아 웨이 치 □ 下围棋 바둑을 두다 xià wéi qí	라 □ 拉 (현악기를) 키다 lā
띠아오 위 □ 钓鱼 낚시 diào yú	샤오 티 친 □ 小提琴 바이올린 xiǎo tí qín
짜오 씨앙 □ 照像 사진을 찍다 zhào xiàng	지 타 □ 吉它 기타 jí tā

저 얼 커 아 짜오 씨앙 마
这儿可以照相吗?
zhèr kě yǐ zhào xiàng ma?

여기서 사진 찍어도 됩니까?

칭 원 쩔 총 찌아오 쥐알 마
请问这儿冲胶卷儿吗?
qǐng wèn zhèr chōng jiāo juǎnr ma

말씀 좀 묻겠습니다. 여기서 필름을 현상합니까?

나 아이 하오 쓰 션 머
A 你爱好是什么?
nǐ ài hào shì shén me

당신의 취미는 무엇입니까?

워 아이 하오 쓰 지 요우
B 我爱好是集邮。
wǒ ài hào shì jí yóu

나의 취미는 우표 수집입니다.

워 시 환 창 끄어 후어 티아오 우
A 我喜欢唱歌和跳舞。
wǒ xǐ huan chàng gē he tiào wǔ

나는 노래와 춤을 좋아한다.

웨이 러 워 니 커 아 탄 깡 친 마
B 为了我,你可以弹钢琴吗?
wèi le wǒ nǐ kě yǐ tán gāng qín ma

나를 위해서 피아노를 쳐줄 수 있니?

要의 용법

"필요하다(需要)" 또는 "사다"의 뜻으로 쓰인다.

니 야오 미 판 하이 쓰 만 토우
你要米饭,还是馒头? 밥을 드시겠어요, 만두를 드시겠어요?
nǐ yào mǐ fàn hái shi mán tou

워 야오 싼 찐 핑 구오
我要三斤苹果。 나는 사과 세 근을 사려고 합니다.
wǒ yào sān jīn píng guǒ

10 전화 걸기

□ 打电话 전화를 걸다
dǎ diàn huà

□ 分机 내선
fēn jī

□ 喂 여보세요
wéi

□ 市内电话 시내전화
shì nèi diàn huà

□ 拨 다이얼을 돌리다
bō

□ 长途电话 시외전화
cháng tú diàn huà

□ 转 전화를 연결하다
zhuǎn

□ 发 (팩스를) 보내다
fā

□ 找 찾다
zhǎo

□ 传真 팩스
chuán zhēn

□ 接 전화를 받다
jiē

□ 对方付款 수신자요금부담
duì fāng fù kuǎn

□ 手机 휴대폰
shǒu jī

□ 查询台 교환대 (전화)
chá xún tái

□ 电话号码 전화번호
diàn huà hào mǎ

□ 打错 잘못 걸다
dǎ cuò

□ 公用电话 공중전화
gōng yòng diàn huà

□ 再打 다시 걸다
zài dǎ

□ 总机 대표전화 (교환대)
zǒng jī

□ 占线 통화 중
zhàn xiàn

칭 니 게이 워 따 띠엔 화
请你给我打电话。
qǐng nǐ gěi wǒ dǎ diàn huà

저에게 전화주십시오.

니 요우 메이 요우 타 더 쇼우 지 하오 마
你有没有他的手机号码？
nǐ yǒu méi yǒu tā de shǒu jī hào mà

너는 그의 휴대폰 번호를 가지고 있니?

왕 라오 쓰 짜이 찌아 마
A 王老师在家吗？
wáng lǎo shī zài jiā ma

왕선생님 집에 계십니까?

뚜이 부 치 니 따 추오 러
B 对不起，你打错了。
duì bu qǐ nǐ dǎ cuò le

미안합니다. 전화 잘못 거셨습니다.

쫑 지 마? 칭 쭈안 스쓰 하오 펀 지
A 总机吗？请转14号分机。
zòng jī ma qǐng zhuǎn shí sì hào fēn jī

교환입니까? 구내 14번 연결 부탁합니다.

쩡 짠 씨엔
B 正占线。
zhèng zhàn xiàn

지금 통화 중입니다.

劳驾의 용법

다른 사람에게 협조를 구하거나 길을 비켜 달라고 할 때 "劳驾[라오찌아]"라고 하여 예의를 나타낸다.

라오 찌아 취 쿤 룬 판 디엔 쩐 머 조우
劳驾，去昆仑饭店怎么走？
láo jià qù kūn lún fàn diàn zěn me zǒu

실례합니다. 쿤룬호텔에 가려면 어떻게 갑니까?

라오 찌아 랑 워 꾸오 취
劳驾，让我过去。 실례합니다. 길 좀 비켜 주십시오.
láo jià ràng wǒ guò qù

11 편지 쓰기

요우 쥐
□ 邮局 우체국
yóu jú

밍 씬 피엔
□ 明信片 엽서
míng xìn piàn

요우 통
□ 邮筒 우체통
yóu tǒng

씬 즈
□ 信纸 편지지
xìn zhǐ

씬 씨앙
□ 信箱 사서함
xìn xiāng

씬 펑
□ 信封 봉투
xìn fēng

요우 피아오
□ 邮票 우표
yóu piào

씨에 씬
□ 写信 편지를 쓰다
xiě xìn

요우 찌엔
□ 邮件 우편물
yóu jiàn

찌 씬
□ 寄信 (우편을) 보내다
jì xìn

씬
□ 信 편지
xìn

후이 쿠안
□ 汇款 송금하다
huì kuǎn

빠오 꾸오
□ 包裹 소포
bāo guǒ

쇼우
□ 收 (편지를) 받다
shōu

꽈 하오 씬
□ 挂号信 등기
guà hào xìn

투이 후이
□ 退回 반송하다
tuì huí

콰이 씬
□ 快信 속달
kuài xìn

쇼우 (찌) 찌엔 런
□ 收(寄)件人 수(발)신인
shōu (jì) jiàn rén

항 콩 씬
□ 航空信 항공우편
háng kōng xìn

띠 즈
□ 地址 주소
dì zhǐ

我要寄**航空挂号信**。 항공 등기우편으로 부치려 합니다.

wǒ yào jì háng kōng guà hào xìn

把**信封**封上，贴两张**邮票**。

bǎ xìn fēng fēng shang tiē liǎng zhāng yóu piào

봉투 위에 2장의 우표를 붙이세요.

A 请问，**邮局**在哪儿？

qǐng wèn yóu jú zài nàr

말씀 좀 묻겠습니다, 우체국이 어디에 있습니까?

B 在这个大厦后边。

zài zhè ge dà shà hòu bian

저 건물 뒤쪽에 있어요.

A 我要买五张**明信片**。 저는 엽서 5장을 사려고 합니다.

wǒ yào mǎi wǔ zhāng míng xìn piàn

B 一共多少钱？ 모두 얼마입니까?

yí gòng duō shao qián

 **給의 용법**

동작의 대상을 가리키며 "为[wèi]" "替[tì]"의 의미와 비슷하다.

我给你门当翻译吧。 제가 여러분의 통역이 되어 드리죠.

wǒ gěi nǐ men dāng fān yì ba

你见到他给我问个好。 그를 만나면 안부를 묻더라고 전해 주세요.

nǐ jiàn dào tā gěi wǒ wèn ge hǎo

12 일상적인 동작

쭈오
- 做 (~을) 하다
zuò

찐 취
- 进去 들어가다
jìn qù

짠
- 站 서다
zhàn

추 취
- 出去 나가다
chū qù

짠 치 라이
- 站起来 일어서다
zhàn qǐ lái

칸
- 看 보다, 읽다
kàn

쭈오
- 坐 앉다
zuò

칸 찌엔
- 看见 보다
kàn jiàn

쭈오 씨아
- 坐下 착석하다
zuò xià

찌엔 미엔
- 见面 만나다
jiàn miàn

조우
- 走 걷다, 가다
zǒu

쑤오
- 说 말하다
shuō

라이
- 来 오다
lái

츠
- 吃 먹다
chī

취
- 去 가다
qù

흐어
- 喝 마시다
hē

찐 라이
- 进来 들어오다
jìn lái

후오
- 活 살다
huó

추 라이
- 出来 나가다
chū lái

따이
- 带 가지고 있다, 지니다
dài

칭 쭈오 칭 쭈오
请坐请坐。
qǐng zuò qǐng zuò

앉으세요.

타 먼 또우 추 취 러
他们都出去了。
tā men dōu chū qù le

그들은 모두 밖으로 나갔다.

니 지 띠엔 츠 완 판
A 你几点吃晚饭?
nǐ jǐ diǎn chī wǎn fàn

몇 시에 저녁을 먹습니까?

이 빤 치 띠엔 빤
B 一般七点半。
yì bān qī diǎn bàn

보통 7시 30분에요.

니 요우 콩 쭈오 션 머
A 你有空做什么?
nǐ yǒu kòng zuò shén me

너는 여유시간에 무엇을 하니?

워 칸 띠엔 잉 니 너
B 我看电影,你呢?
wǒ kàn diàn yǐng nǐ ne

영화를 봐, 너는?

会 + 동사의 용법

"会"는 조동사로 배워서, 경험을 통해서 ~을 할 줄 알다라는 뜻이다.
부정의 표현은 "不会"를 사용한다.

워 후이 쑤오 한 위
我会说汉语。 나는 중국어를 할 줄 안다.
wǒ huì shuō hàn yǔ

워 부 후이 쑤오 한 위
我不会说汉语。 나는 중국어를 할 줄 모른다.
wǒ bú huì shuō hàn yǔ

13 사계절과 절기

찌 지에	르어
□ 季节 계절 jì jié	□ 热 덥다 rè
춘 티엔	리양 콰이
□ 春天 봄 chūn tiān	□ 凉快 시원하다 liáng kuai
씨아 티엔	한 렁
□ 夏天 여름 xià tiān	□ 寒冷 춥다 hán lěng
치우 티엔	지에 르
□ 秋天 가을 qiū tiān	□ 节日 기념일, 명절 jié rì
똥 티엔	춘 지에
□ 冬天 겨울 dōng tiān	□ 春节 구정 chūn jié
르 리	우 이 지에
□ 日历 일력 rì lì	□ 五一节 노동절 wǔ yī jié
위에 리	얼 통 지에
□ 月历 월력 yuè lì	□ 儿童节 어린이날 ér tóng jié
꽁 리	무 친 지에
□ 公历 양력 gōng lì	□ 母亲节 어머니날 mǔ qīn jié
농 리	구어 칭 지에
□ 农历 음력 nóng lì	□ 国庆节 국경절 guó qìng jié
누안 후오	셩 딴 지에
□ 暖和 따뜻하다 nuǎn huo	□ 圣诞节 성탄절 shèng dàn jié

찐 티엔 쓰 농 리 지 위에 지 하오
今天是农历几月几号?
jīn tiān shì nóng lì jǐ yuè jǐ hào

오늘은 음력 몇 월 며칠입니까?

치우 티엔 리앙 콰이
秋天凉快。
qiū tiān liáng kuài

가을은 서늘하다.

니 쭈이 씨 환 더 찌 지에 쓰 션 머
A 你最喜欢的季节是什么?
nǐ zuì xǐ huan de jì jié shì shén me

네가 가장 좋아하는 계절은 무엇이니?

똥 티엔　워 페이 챵 시 환 화 쉬에 흐어 화 삥
B 冬天。我非常喜欢滑雪和滑冰。
dōng tiān　wǒ fēi cháng xǐ huan huá xuě hé huá bīng

겨울이야. 나는 스키와 스케이트 타는 것을 좋아해.

찐 티엔 더 티엔 치 흐어 쭈오 티엔 비 쩐 머 양
A 今天的天气和昨天比怎么样?
jīn tiān de tiān qì hé zuó tiān bǐ zěn me yàng

오늘 날씨는 어제에 비해 어떠니?

찐 티엔 비 쭈오 티엔 한 렁
B 今天比昨天寒冷。
jīn tiān bǐ zuó tiān hán lěng

오늘은 어제보다 춥다.

미터법의 단위

꽁 리	핑 팡 리	미 커
公里 km	平方厘 cm²	米克 g
gōng lǐ	píng fāng lí	mǐ kè
꽁 펀 리 미	꽁 셩	꽁 츠
公分厘米 cm	公升 ℓ	公尺 m
gōng fēn lí mǐ	gōng shēng	gōng chǐ
핑 팡 꽁 리	하오 셩	
平方公里 km²	毫升 mℓ	
píng fāng gōng lǐ	háo shēng	
핑 팡 미	꽁 찐	하오 미
平方米 m²	公斤 kg	毫米 mm
píng fāng mǐ	gōng jīn	háo mǐ

14 일상생활

성 후오
- 生活 생활
  shēng huó

후오 똥
- 活动 활동(하다), 움직이다
  huó dòng

씽
- 醒 눈뜨다, 깨다
  xǐng

샹 찌에
- 上街 시내로 가다
  shàng jiē

치 추앙
- 起床 일어나다
  qǐ chuáng

싼 뿌
- 散步 산책하다
  sàn bù

시 리엔
- 洗脸 세수하다
  xǐ liǎn

쑤 쓰
- 舒适 기분좋은, 편안한
  shū shì

쭈오 판
- 做饭 밥을 짓다
  zuò fàn

위 콰이
- 愉快 유쾌한
  yú kuài

츠 판
- 吃饭 식사를 하다
  chī fàn

마이 똥 시
- 买东西 물건을 사다
  mǎi dōng xi

칸 빠오
- 看报 신문을 보다
  kàn bào

후이 찌아
- 回家 집에 돌아가다
  huí jiā

꽁 쭈오
- 工作 일(을 하다)
  gōng zuò

시 짜오
- 洗澡 목욕하다
  xǐ zǎo

찌아 우
- 家务 집안일
  jiā wù

쉐이 찌아오
- 睡觉 잠을 자다
  shuì jiào

리아오 리
- 料理 요리하다
  liào lǐ

쭈오 멍
- 做梦 꿈을 꾸다
  zuò mèng

짜오 상 리우 띠엔 치 주앙
早上六点起床。 아침 6시에 일어납니다.
zǎo shang liù diǎn qǐ chuáng

메이 티엔 칸 빠오
每天看报。 매일 신문을 봅니다.
měi tiān kàn bào

찐 라이 셩 후오 쩐 머 양
A **近来生活怎么样?** 근래의 생활은 어떻습니까?
jìn lái shēng huó zěn me yàng

하이 커 이
B **还可以。** 그런대로 괜찮습니다.
hái kě yǐ

지 띠엔 후이 찌아
A **几点回家?** 몇 시에 집에 돌아옵니까?
jǐ diǎn huí jiā

치 띠엔 쭈오 요우
B **七点左右。** 7시쯤에 돌아옵니다.
qī diǎn zuǒ yòu

오또 马马虎虎의 용법

"그저 그렇다", "대충하다"의 뜻으로 정도가 높지 않음을 표현한다.

니 후이 쑤오 더 위 마
你会说德语吗? 당신은 독일어를 할 줄 압니까?
nǐ huì shuō dé yǔ ma

마 마 후 후 후이 이 디알
马马虎虎,会一点儿。 그럭저럭, 조금 할 줄 압니다.
mǎ mǎ hū hū huì yì diǎnr

15 위치와 방향

치엔 호우
- 前后 전후
qián hòu

찐
- 近 가깝다
jìn

리 와이
- 里外 내외
lǐ wài

위엔
- 远 멀다
yuǎn

샹 씨아
- 上下 상하
shàng xià

푸 찐
- 附近 가까운 (곳)
fù jìn

쭈오 요우
- 左右 좌우, 약
zuǒ yòu

위엔 추
- 远处 먼 (곳)
yuǎn chù

팡 씨앙
- 方向 방향
fāng xiàng

찌아오 루오
- 角落 구석
jiǎo luò

쓰 쪼우
- 四周 주위 (둘레)
sì zhōu

리
- 离 ~에서
lí

뚜이 미엔
- 对面 정면 (앞에)
duì miàn

총
- 从 ~부터
cóng

미엔 뚜이
- 面对 직면하다
miàn duì

왕
- 往 ~에, ~으로, ~을(를) 향해서
wǎng

얜 쩌
- 沿看 ~에 따라서
yán zhe

차오
- 朝 ~에 면하여
cháo

팡 뻬엔
- 旁边 옆
páng biān

따오
- 到 ~에, ~까지
dào

쉬에 쌰오 짜이 나 거 팡 씨앙 너
学校在哪个**方向**呢?
xué xiào zài nǎ ge fāng xiàng ne

학교는 어느 **방향**입니까?

워 찌야 리 쩔 헌 찐
我家离这儿很**近**。
wǒ jiā lí zhèr hěn jìn

우리 집은 여기서 **가깝**습니다.

쩌 푸 찐 요우 메이 요우 이 위엔
A 这**附近**有没有医院?
zhè fù jìn yǒu méi yǒu yī yuàn

부근에 병원이 있습니까?

요우 짜이 나 거 루 상 요우
B 有。在那个路上有。
yǒu zài nà ge lù shang yǒu

저 도로 상에 있습니다.

띠 티에 짠 쩐 머 조우
A 地铁站怎么走?
dì tiě zhàn zěn me zǒu

지하철역은 어떻게 갑니까?

총 쩔 왕 난 조우 찌우 커 이 짜오 따오 러
B 从这儿**往**南走就可以找到了。
cóng zhèr wǎng nán zǒu jiù kě yǐ zhǎo dào le

여기서 남쪽**으로** 가면 찾을 수 있습니다.

포인트 在 + 위치표시어 용법

"在"는 동사로는 "~에 있다" 뜻으로 사람이나 사물의 위치를 나타내며, 개사로는 "~에(서), ~에 있어서"의 뜻으로 동작이나 행위가 일어나는 장소, 시간, 상황, 범위를 표현한다.

워 짜이인 항 꽁 쭈오
我在银行工作。 나는 은행에서 근무합니다.
wǒ zài yín háng gōng zuò

워 짜이 따 쉬에 쉬에 씨
我在大学学习。 나는 대학에서 공부합니다.
wǒ zài dà xué xué xí

16 때와 시간

짜오
□ 早 빠르다
zǎo

찡 티엔
□ 整天 하루종일
zhěng tiān

완
□ 晚 늦다
wǎn

빤 티엔
□ 半天 반나절
bàn tiān

짜오 샹
□ 早上 아침
zǎo shang

스 찌엔
□ 时间 시간
shí jiān

바이 티엔
□ 白天 낮 (대낮)
bái tiān

스 호우
□ 时候 ~ 때 (시각)
shí hou

완 샹
□ 晚上 밤
wǎn shang

띠엔 쫑
□ 点钟 시
diǎn zhōng

샹 우
□ 上午 오전
shàng wǔ

이 펀 쫑
□ 一分钟 1분
yì fēn zhōng

쫑 우
□ 中午 정오 (낮)
zhōng wǔ

미아오
□ 秒 초
miǎo

씨아 우
□ 下午 오후
xià wǔ

커
□ 刻 15분
kè

빵 완
□ 傍晚 저녁
bàng wǎn

이 거 샤오 스
□ 一个小时 1시간
yí ge xiǎo shí

이에 리
□ 夜里 밤중
yè lǐ

쫑 토우
□ 钟头 시간
zhōng tóu

삼 우 짜이 찌아 마
上午在家吗?   오전에 집에 있습니까?
shàng wǔ zài jiā ma

워 빵 완 칸 띠엔 쓰
我**傍晚**看电视。   나는 지녁에 텔레비전을 봅니다.
wǒ bàng wǎn kàn diàn shì

니 완 상 쭈오 선 머
A 你**晚上**做什么?   저녁에 무엇을 하니?
ní wǎn shang zuò shén me

워 야오 쭈오 쭈오 이에
B 我要做作业。   숙제를 해야 해.
wǒ yào zuò zuò yè

니 덩 워 뚜오 창 스 지엔 러
A 你等我多长时间了?   얼마나 나를 기다렸니?
ní děng wǒ duō cháng shí jiān le

따 까이 이 거 샤오 스
B 大概**一个小时**。   한 시간 정도.
dà gài yí ge xiǎo shí

正在의 용법

"正在 + (동사), (형용사)"의 형식으로 쓰여, 동작이 진행 중이거나 상태
가 줄곧 지속적임을 나타낸다.

타 쩡 짜이즈 판
他正在吃饭。 그는 식사 중입니다.
tā zhèng zài chī fàn

타 먼 쩡 짜이 카이 후이
他门正在开会。 그들은 회의 중입니다.
tā men zhèng zài kāi huì

17 어제, 오늘, 내일

찐 티엔
□ 今天 오늘
jīn tiān

밍 티엔
□ 明天 내일
míng tiān

호우 티엔
□ 后天 모레
hòu tiān

쭈오 티엔
□ 昨天 어제
zuó tiān

치엔 티엔
□ 前天 그저께
qián tiān

메이 티엔
□ 每天 매일
měi tiān

땅 티엔
□ 当天 당일 (그날)
dàng tiān

쩌 씽 치
□ 这星期 금주
zhè xīng qī

샹 거 씽 치
□ 上个星期 지난주
shàng ge xīng qī

씨아 거 씽 치
□ 下个星期 다음주
xià ge xīng qī

쩌 거 위에
□ 这个月 이번 달
zhè ge yuè

샹 거 위에
□ 上个月 지난 달
shàng ge yuè

씨아 거 위에
□ 下个月 다음 달
xià ge yuè

위에 추
□ 月初 월초
yuè chū

위에 띠
□ 月底 월말
yuè dǐ

찐 니엔
□ 今年 금년
jīn nián

밍 니엔
□ 明年 내년
míng nián

호우 니엔
□ 后年 내후년
hòu nián

취 니엔
□ 去年 작년
qù nián

치엔 니엔
□ 前年 재작년
qián nián

찐 티엔 쓰 지 위에 지 하오
今天是几月几号?
jīn tiān shì jǐ yuè jǐ hào

오늘은 몇 월 며칠입니까?

쭈오 티엔 워 라이 러
昨天我来了。
zuó tiān wǒ lái le

저는 어제 왔어요.

호우 티엔 취 창 청, 전 머 양
A **后天**去长城，怎么样？
hòu tiān qù cháng chéng zěn me yàng

모레 장성에 가려고 하는데, 어떻습니까?

하오 주 이
B 好主意！
hǎo zhǔ yi

좋은 생각입니다.

밍 니엔 니 요우 선 머 다 수안
A **明年**你有什么打算？
míng nián nǐ yǒu shén me dǎ suan

너 내년의 계획은 무엇이니?

워 다 수안 쉬에 한 위
B 我打算学汉语。
wǒ dǎ suan xué hàn yù

나는 중국어를 배우려고 해.

동사 + 过의 용법

"过"는 개사를 수반하지 않고 장소를 나타내는 말만을 목적어로 가지며,
과거에 이런 일이 이미 발생했던 적이 있었음을 나타낸다. 부정에는 没
(有) + 동사 + 过를 사용한다.

워 따오 쫑 구어 취 꾸오
我到中国去过。 나는 중국에 가 본 적이 있다.
wǒ dào zhōng guó qù guo

타 메이 (요우) 취 꾸오 쫑 구어
他沒(有)去过中国。 그는 중국에 가 본 적이 없다.
tā méi yǒu qù guo zhōng guó

18 연, 월, 일과 요일

니엔
□ 年 연
nián

위에
□ 月 월
yuè

르
□ 日 일
rì

이 위에
□ 一 月 1월
yí yuè

쩡 위에
□ 正月 정월
zhèng yuè

이 하오
□ 一 号 1일
yí hào

얼 하오
□ 二 号 2일
èr hào

리앙 티엔
□ 两 天 2일간
liǎng tiān

이 리앙 티엔
□ 一 两 天 하루 이틀
yì liǎng tiān

이 거 씽 치
□ 一 个 星 期 1주
yí ge xīng qī

이 거 위에
□ 一 个 月 1개월
yí ge yuè

이 니엔
□ 一 年 1년
yì nián

씽 치 이
□ 星 期 一 월요일
xīng qī yī

씽 치 알
□ 星 期 二 화요일
xīng qī èr

씽 치 싼
□ 星 期 三 수요일
xīng qī sān

씽 치 쓰
□ 星 期 四 목요일
xīng qī sì

씽 치 우
□ 星 期 五 금요일
xīng qī wǔ

씽 치 리우
□ 星 期 六 토요일
xīng qī liù

씽 치 티엔
□ 星 期 天 일요일
xīng qī tiān

꽁 위엔
□ 公 元 서기
gōng yuán

씨아 씽 치 얼, 쓰 하오 라이 취 바
下星期二, 四号来取吧。다음주 화요일, 4일에 가지러 오세요.
xià xīng qī èr sì hào lái qǔ ba

이 거 위에요우 쓰 거 씽 치 호어 싼 쓰 티엔
一个月有四个星期和三十天。한 달은 4주와 30일입니다.
yí ge yuè yǒu sì ge xīng qī hé sān shí tiān

밍 티엔 쓰 씽 치 지
A 明天是星期几? 내일은 무슨 요일입니까?
míng tiān shì xīng qī jǐ

밍 티엔 쓰 씽 치 싼
B 明天是星期三。 내일은 수요일입니다.
míng tiān shì xīng qī sān

씨아 씽 치 우 쓰 지 위에 지 하오
A 下星期五是几月几号?
xià xīng qī wǔ shì jǐ yuè jǐ hào

다음주 금요일은 몇 월 며칠입니까?

우 위에 쓰 하오
B 五月四号。 5월 4일입니다.
wǔ yuè sì hào

年·月·日 표기법

년, 월, 일이 한 표현으로 쓰일 때의 배열순서와 읽는 법은 다음과 같다.

이 지우 쓰 우 니엔 빠 위에스 우 르
一九四五年八月十五日。 1945년 8월 15일
yì jiǔ sì wǔ nián bā yuè shí wǔ rì

알 링 링 알 니엔 이 위에 이 르 (씽 치 이) 씨아 우 쓰 스 스 펀
二零零二年一月一日(星期一)下午四时十分。
èr líng líng èr nián yí yuè yí rì (xīng qī yī) xià wǔ sì shí shí fēn
2002년 1월 1일(월요일) 오후 4시 10분

※ 중국어로 연도를 읽을 때 각각 숫자를 읽는다.
　　- 2002년을 "이천이년"이라고 읽지 않는다
　　- "알링 링 알 니엔"으로 읽는다.

19 대략적인 시제

□ 씨엔 짜이
现在 현재, 지금
xiàn zài

□ 하오 지우
好久 오랫동안
hǎo jiǔ

□ 무 치엔
目前 당면의, 눈앞의
mù qián

□ 챵 챵
常常 항상, 언제나
cháng cháng

□ 쭈이 찐
最近 최근
zuì jìn

□ 꾸오 취
过去 과거
guò qù

□ 이 치엔
以前 이전
yǐ qián

□ 콰이
快 빨리, 빠르다
kuài

□ 총 라이
从来 지금까지
cóng lái

□ 만
慢 천천히, 느리다
màn

□ 찌앙 라이
将来 장래에
jiāng lái

□ 구 쓰 호우
古时候 옛날
gǔ shí hou

□ 찐 호우
今后 금후
jīn hòu

□ 치 찌엔
期间 기간
qī jiān

□ 이 호우
以后 이후
yǐ hòu

□ 마 샹
马上 곧, 즉시
mǎ shàng

□ 후이 토우
回头 후에, 뒤에
huí tóu

□ 짜오 찌우
早就 일찌기
zǎo jiù

□ 이 후얼
一会儿 잠시
yí huìr

□ 깡 차이
刚才 방금
gāng cái

하오 지우 부 찌엔
好久不见。 오래간만이에요.
hǎo jiǔ bú jiàn

메이 쓰 지엔 러 콰이 쑤오 바
没时间了,快说吧。 시간 없어요, 빨리 말해요.
méi shí jiàn le kuài shuō ba

닌 씨엔 짜이 쭈오 션 머
A 您现在做什么? 당신은 지금 무엇을 하고 계십니까?
nín xiàn zài zuò shén me

워 짜이 팅 인 위에
B 我在听音乐。 나는 음악을 듣고 있습니다.
wǒ zài tīng yīn yuè

쩌 거 수 찌아 니 요우 션 머 다 수완
A 这个暑假你有什么打算?
zhè ge shǔ jià nǐ yǒu shén me dǎ suan

이번 여름휴가에 무슨 계획있나요?

워 야오 취 쫑 구어 뤼 씽
B 我要去中国旅行。 중국으로 여행갈 겁니다.
wǒ yào qù zhōng guó lǚ xíng

先의 용법

시간이나 순서상 부사로 "먼저, 우선"의 뜻을 가지며, 명사로는 "앞, 선두"의 뜻도 있다.

워 씨엔 쑤오 바
我先说吧。 내가 먼저 말하죠.
wǒ xiān shuō ba

니 먼 씨엔 츠 바, 비에 덩 워
你们先吃吧,别等我。 저를 기다리시 말고, 당신들 먼저 드세요.
nǐ men xiān chī ba   bié děng wǒ

20 인칭, 지시

- 워 (먼)
  我(们) 나, 우리(들)
  wǒ (men)

- 니 (먼)
  你(们) 당신(들)
  nǐ (men)

- 닌
  您 당신
  nín

- 타 (먼)
  他(们) 그(들)
  tā (men)

- 타 (먼)
  她(们) 그녀(들)
  tā (men)

- 따 찌아
  大家 여러분
  dà jiā

- 찌
  这 이것
  zhè

- 나
  那 저것
  nà

- 타
  它 그것
  tā

- 찌 거
  这个 이것
  zhè ge

- 나 거
  那个 저것
  nà ge

- 찌 씨에
  这些 이것들
  zhè xiē

- 나 씨에
  那些 저것들
  nà xiē

- 찌 양
  这样 이러한
  zhè yàng

- 나 양
  那样 그러한
  nà yàng

- 쩔
  这儿 여기 (이곳)
  zhèr

- 날
  那儿 저기 (저곳)
  nàr

- 찌 비엔
  这边 이쪽
  zhè biān

- 나 비엔
  那边 저쪽
  nà biān

- 찌 머
  这么 이와 같이
  zhè me

따 찌아 하오
大家好。　　　　　　　여러분 안녕하세요.
dà jiā hǎo

칭 따 찌아 콰이 라이 칸
请**大家**快来看　　　　모두들 빨리 와서 보십시오
qǐng dà jiā kuài lái kàn

쩌 양 씨에 씽 마
A 这样写行吗?　　　　이렇게 쓰면 됩니까?
zhè yàng xiě xíng ma

씽
B 行。　　　　　　　　좋습니다.
xíng.

타 라이 뿌 라이
A 他来不来?　　　　　그는 옵니까?
tā lái bu lái

타 뿌 라이
B 他不来。　　　　　　그는 안 옵니다.
tā bù lái

(一) 些의 용법

"약칸, 조금, 얼마간의" 뜻을 나타내는 양사로서 소량의 사물을 표현 한다. 〈"一" 일반적으로 생략된다.〉

워 요우 이 씨에 메이 구어 펑 요우
我有一些美国朋友。 나는 몇 명의 미국 친구가 있다.
wǒ yǒu yì xiē měi guó péng you

타 게이 워 먼 쭈오 러 씨에 쑤오 밍
他给我们作了些说明。 그는 우리에게 약간의 설명을 해 주었다.
tā gěi wǒ men zuò le xiē shuō míng

21 가족의 호칭

쯔 지
□ 自己 자기, 자신
zì jǐ

찌아 쑤
□ 家属 가족
jiā shǔ

아이 런
□ 爱人 애인, 부인
ài rén

짱 푸
□ 丈夫 남편
zhàng fu

치 즈
□ 妻子 부인
qī zi

푸 친
□ 父亲 부친 (아버지)
fù qīn

무 친
□ 母亲 모친 (어머니)
mǔ qīn

얼 즈
□ 儿子 아들
ér zi

뉘 얼
□ 女儿 딸
nǔ ér

씨옹 띠
□ 兄弟 형제
xiōng dì

지에 메이
□ 姐妹 자매
jiě mèi

띠 디
□ 弟弟 남동생
dì di

메이 메이
□ 妹妹 여동생
mèi mei

따 끄어
□ 大哥 맏형 (큰형님)
dà gē

따 지에
□ 大姐 맏누님
dà jiě

샤오 메이 메이
□ 小妹妹 누이동생
xiǎo mèi mei

이에 이에
□ 爷爷 조부 (할아버지)
yé ye

나이 나이
□ 奶奶 조모 (할머니)
nǎi nai

빠 빠
□ 爸爸 아빠
bà ba

마 마
□ 妈妈 엄마
ma ma

워 쯔 요우 어 거 얼 즈
我 只 有 一 个 儿子。
wǒ zhǐ yǒu yí ge ér zi

저는 아들이 한 명 있습니다.

워 이에 이에 흐어 나이 나이 또우 하이 찌엔 짜이
我 爷爷 和 奶奶 都 还 健 在。
wǒ yé ye hé nǎi nai dōu hái jiàn zài

나의 조부와 조모는 모두 여전히 건강하셔.

니 찌아 요우 지 코우 런
A **你家有几口人**?
nǐ jiā yǒu jǐ kǒu rén

당신 가족은 몇 명입니까?

워 찌아 요우 싼 코우 런
B 我家有三口人。
wǒ jiā yǒu sān kǒu rén

3명입니다.

니 따 끄어 더 꿍 쭈오 쓰 션 머
A 你**大哥**的工作是什么?
nǐ dà gē de gōng zuò shì shén me

너의 형의 직업은 무엇이니?

타 쓰 따이 푸
B 他是大夫。
tā shì dài fu

그는 의사입니다.

 **吧의 용법**

"吧"는 문장끝에 쓰이면서 제의, 청구, 명령, 승락, 동의, 추측을 나타내는 어기사이며, 의문문 뒤에 사용하여 시험삼아 물어 보거나 추측의 어기를 나타낸다.

니 메이 취 꾸오 쭝 구어 바
你没去过中国吧? 당신은 중국에 안 가봤지요?
nǐ méi qù guo zhōng guó ba

니 부 똥 한 위 바
你不懂汉语吧? 당신은 중국어를 모르지요?
nǐ bù dǒng hàn yǔ ba

22 친척의 호칭

친 치 □ 亲戚 친척 qīn qi	꾸 푸 □ 姑夫 고모부 gū fu
탕 씨옹 띠 □ 堂兄弟 사촌형제 táng xiōng dì	쯔 얼 □ 侄儿 조카 zhí ér
비이오 씨옹 띠 □ 表兄弟 이종사촌 biǎo xiōng dì	쯔 뉘얼 □ 侄女儿 질녀 zhí nǚér
보 보 □ 伯伯 큰아버지 bó bo	와이 성 □ 外甥 외조카 wài shēng
쑤 수 □ 叔叔 작은아버지 shū shu	와이 성 뉘 □ 外甥女 외질녀 wài shēng nǚ
아 이 □ 阿姨 이모 ā yí	꽁 공 □ 公公 시아버지 gōng gong
이 푸 □ 姨夫 이모부 yí fu	포 포 □ 婆婆 시어머니 pó po
찌우 지우 □ 舅舅 외삼촌 jiù jiu	뉘 씨 □ 女婿 사위 nǚ xù
찌우 마 □ 舅妈 외숙모 jiù mā	씨 푸 □ 媳妇 며느리 xí fu
꾸 구 □ 姑姑 고모 gū gu	싸오 즈 □ 嫂子 형수 sǎo zi

니 더 보 보 쭈 짜이 날
你的伯伯住在哪儿？
nǐ de bó bo zhù zài nǎr

큰아버지는 어디에 사십니까?

빠 빠 더 띠 디 쟈오 쑤 수
爸爸的弟弟叫叔叔。
bà ba de dì di jiào shū shu

아버지의 동생은 숙부라 부릅니다.

니 더 찌우 지우 짜이 날 꽁 쭈오
A 你的舅舅在哪儿工作？
nǐ de jiù jiu zài nǎr gōng zuò

(당신) 외삼촌은 어디에서 일합니까?

타 짜이 인 항 꽁 쭈오
B 他在银行工作。
tā zài yín háng gōng zuò

그는 은행에 근무합니다.

니 더 꾸 구 찐 니엔 뚜오 따 니엔 찌
A 你的姑姑今年多大年纪？
nǐ de gū gu jīn nián duō dà nián jì

너의 고모는 올해 몇 살이시니?

타 쓰 스 우
B 她四十五。
tā sì shí wǔ

45세입니다.

哪里哪里의 용법

"천만에", "별말씀을요"의 뜻이며, 겸손하게 자신에 대한 칭찬을 부정하
는 일종의 겸양어로서 다른 사람의 감사나 칭찬에 대답하는데 쓰이며,
"哪里"를 한 번만 쓸 때도 있다.

니 잉 위 쑤오 더 헌 하오
你英语说得很好。당신은 영어를 참 잘하는군요.
nǐ yīng yǔ shuō de hěn hǎo

나 리 나 리
哪里，哪里。별말씀을요.
nǎ li nǎ li

23 일반적인 호칭

런 먼
- 人们 사람들
rén men

통 쉬에
- 同学 동급생
tóng xué

씨엔 셩
- 先生 선생님 (호칭)
xiān sheng

뉘 쓰
- 女士 여사
nǔ shì

푸 런
- 夫人 부인
fū rén

샤오 지에
- 小姐 아가씨
xiǎo jiě

샤오 펑 요우
- 小朋友 나이 어린 친구
xiǎo péng you

샤오 하이 즈
- 小孩子 어린아이
xiǎo hái zi

샤오 니엔
- 少年 소년
shào nián

니엔 칭 런
- 年轻人 젊은이
nián qīng rén

샤오 후오 즈
- 小伙子 젊은이, 총각
xiǎo huǒ zi

라오 런
- 老人 노인
lǎo rén

꾸 냥
- 姑娘 처녀 (미혼여성)
gū niang

펑 요우
- 朋友 친구
péng you

뉘 펑 요우
- 女朋友 여자친구
nǔ péng you

통 쓰
- 同事 동료
tóng shì

린 쥐
- 邻居 이웃 (사람, 집)
lín jū

크어 런
- 客人 손님
kè rén

샹 지
- 上级 상급자
shàng jí

뚜이 쇼우
- 对手 라이벌 (상대)
duì shǒu

짱 쎄엔 셩, 닌 씨엔 쑤오 바
张先生,您先说吧。
zhāng xiān sheng, nín xiān shuō ba

장 선생님, 먼저 말씀하십시오.

사오 니엔 이 라오 쉬에 난 청
少年易老学难成。
shào nián yì lǎo xué nán chéng

소년은 늙기 쉬우나 배움은 이루기 어렵다.

타 쓰 쉐이 아
A 他是谁呀?
tā shì shéi ya

저 사람은 누구시죠?

타 쓰 워 꿍 쓰 더 퉁 쓰
B 他是我公司的同事。
tā shì wǒ gōng sī de tóng shì

그는 회사의 동료입니다.

니 흐어 추엔 시엔 셩 쓰 선 머 꽌 씨
A 你和全先生是什么关系?
nǐ hé quán xiān sheng shì shén me guān xi

당신과 전 선생님은 어떤 관계이십니까?

추엔 씨엔 셩 쓰 워 더 린 쥐
B 全先生是我的邻居。
quán xiān sheng shì wǒ de lín jū

전 선생은 내 이웃입니다.

听说의 용법

"다른 사람의 말을 들어보면"의 뜻으로 일반적으로 말하는 사람이 누구인지 알 수 없다. 만약 말하는 사람을 알 필요가 있을 경우에는 "听…说"로 표현한다.

팅 쑤오 뻬이 찡 뚱 티엔 헌 렁
听说北京冬天很冷。 북경의 겨울은 춥다던데요.
tīng shuō běi jīng dōng tiān hěn lěng

팅 짱 씨엔 셩 쑤오, 니 셩 삥 쭈 위엔러
听张先生说,你生病住院了。
tīng zhāng xiānsheng shuō, nǐ shēng bìng zhù yuàn le
장 선생한테 들었는데, 너 병이 나서 입원했었다며.

바로 통하는
여행 단어

01 여행을 떠나다

뤼 씽
□ 旅行 여행하다
lǚ xíng

뤼 씽 투안 티
□ 旅行团体 단체여행
lǚ xíng tuán tǐ

뤼 요우
□ 旅游 관광여행
lǚ yóu

르 청
□ 日程 일정, 스케줄
rì chéng

꾸안 꾸앙
□ 观光 관광
guān guāng

안 파이
□ 安排 (일정 등을) 안배하다
ān pái

찬 꾸안
□ 参观 견학, 참관
cān guān

삐엔 껑
□ 变更 변경
biàn gēng

뤼 커
□ 旅客 여행객
lǚ kè

르 청 찐 짱
□ 日程紧张 꽉 짜인 일정
rì chéng jǐn zhāng

뤼 씽 서
□ 旅行社 여행사
lǚ xíng shè

띠 투
□ 地图 지도
dì tú

판 이
□ 翻译 통역하다
fān yì

따오 요우 쇼우 처
□ 导游手册 가이드 핸드북
dǎo yóu shǒu cè

페이 통
□ 陪同 동행하다
péi tóng

원 쉰 추
□ 问讯处 안내소
wèn xùn chù

씨앙 따오
□ 向导 안내자
xiàng dǎo

푸 우 짠
□ 服各站 서비스 데스크
fú wù zhàn

뤼 요우 처
□ 旅游车 관광버스
lǚ yóu chē

쇼우 티 씨앙
□ 手提箱 손가방
shǒu tí xiāng

워 먼 씨아우 취 찬 꾸안 쁘어 우 꾸안
我们下午去参观博物馆。
wǒ men xià wǔ qù cān guān bó wù guǎn

우리들은 오후에 박물관을 참관하러 갑니다.

워 링 니 칸 쓰 내이 펑 꾸앙
我领你看市内风光。
wǒ lǐng nǐ kàn shì nèi fēng guāng

제가 시내관광을 안내하겠습니다.

니 더 쫑 구어 뤼 씽 쩐 머 양
A 你的中国旅行怎么样?
nǐ de zhōng guó lǚ xíng zěn me yàng

너의 중국 여행은 어땠니?

페이 창 하오 워 씨앙 짜이 취
B 非常好,我想再去。
fēi cháng hǎo wǒ xiǎng zài qù

정말 좋았어, 또 가고 싶어.

니 커 이 판 이 한 위 마
A 你可以翻译汉语吗?
nǐ kě yǐ fān yì hàn yǔ ma

너는 중국어 통역을 할 줄 아니?

당 란 커 이
B 当然可以。
dāng rán kě yǐ

물론 가능하지.

동사+了의 용법

동사 또는 형용사 뒤에 쓰여 동작과 변화가 이미 완료 되었음을 나 타내며, 과거형을 만들 때 "了"를 사용한다.

쭈오 티엔 워 마이 러 리앙 번 쑤
昨天我买了两本书。 어제 나는 책 두 권을 샀다.
zuó tiān wǒ mǎi le liǎng běn shū

샹 우 워 먼 찬 꾸안 러 쁘어 우 꾸안
上午我们参观了博物馆。 오전에 우리는 박물관을 참관했다.
shàng wǔ wǒ men cān guān le bó wù guǎn

02 환전하기

- 货币 화폐 / 후오 삐 / huò bì
- 港币 홍콩달러 / 깡 삐 / gǎng bì
- 钱 돈 / 치엔 / qián
- 美元 미국달러 / 메이 위엔 / měi yuán
- 硬币 동전 / 잉 삐 / yìng bì
- 银行 은행 / 인 항 / yín háng
- 钞票 지폐 / 차오 피아오 / chāo piào
- 兑换 환전하다 / 뚜이 후안 / duì huàn
- 人民币 인민폐 / 런 민 삐 / rén mín bì
- 零钱 잔돈 / 링 치엔 / líng qián
- 元 원 (화폐단위) / 위엔 / yuán
- 破钱 잔돈으로 바꾸다 / 포 치엔 / pò qián
- 角 1각 (화폐단위) / 찌아오 / jiǎo
- 支票 수표 / 쯔 피아오 / zhī piào
- 分 1분 (화폐단위) / 펀 / fēn
- 存折 예금통장 / 춘 저 / cún zhé
- 外汇 외화 (외국환) / 와이 후이 / wài huì
- 存款 예금 / 춘 쿠안 / cún kuǎn
- 韩元 한국원화 / 한 위엔 / hán yuán
- 户头 구좌 / 후 토우 / hù tóu

칭 까오 수 워 찐 티엔 더 뚜이 후안 뤼
请告诉我今天的兑换率?
qǐng gào su wǒ jīn tiān de duì huàn lǜ

오늘의 환율을 알려주세요.

취 와이 구어 더 쓰 호우 삐 쉬 쭈오 더 쓰 쓰 뚜이 후안 와이 삐
去外国的时候，必须做的事是兑换外币。
qù wài guó de shí hou bì xū zuò de shì shì duì huàn wài bì

외국에 갈 때는 환전을 해야 한다.

칭 원 션 머 띠 팡 커 이 뚜이 후안 와이 삐
A 请问，什么地方可以兑换外币?
qǐng wèn shén me dì fang kě yǐ duì huàn wài bì

실례지만, 어디서 환전 할 수 있습니까?

짜이 인 항 얼 청
B 在银行二层。
zài yín háng èr céng

은행 2층에서 합니다.

워 이오 춘 쿠안
A 我要存款。
wǒ yào cún kuǎn

저는 예금하려고 합니다.

칭 씨엔 티엔 씨에 이 짱 춘 쿠안 딴
B 请先填写一张存款单。
qǐng xiān tián xiě yì zhāng cún kuǎn dān

먼저 예금시를 기입해 주십시요.

화폐의 계산단위

문어체에서 "元", "角", "分"을 쓰고 회화체에서는 "块", "毛", "分"을 주로 쓴다.

一元(块)＝10角(毛), 1角(毛)＝10分

5.00元(块)＝五元(钱)＝五块钱 (5원)
wǔ yuán (qián)　wǔ kuài (qián)

0.60元(钱)＝六角(钱)＝六毛(钱) (6각)
liù jiǎo (qián)　liù máo (qián)

1.15元(钱)＝一元一角五分(钱)
yì yuán yì jiǎo wǔ fēn (qián)

＝一块一毛五 (1원 15전)
yí kuài yì máo wǔ

03 공항에서

지 창
- 机场 공항
jī chǎng

투이 피아오
- 退票 환불하다
tuì piào

호우 찌 로우
- 候机楼 공항터미널
hòu jī lóu

씽 리
- 行李 여행짐
xíng li

호우 찌 쓰
- 候机室 대합실
hòu jī shì

수이 선 따이
- 随身带 기내반입
suí shēn dài

떵 지
- 登机 탑승하다
dēng jī

투오 윈
- 托运 탁송하다
tuō yùn

떵 지 코우
- 登机口 탑승구
dēng jī kǒu

차오 쭝
- 超重 중량초과
chāo zhòng

찌 피아오
- 机票 탑승권
jī piào

치 페이
- 起飞 이륙(하다)
qǐ fēi

위 띵
- 预订 예약하다
yù dìng

찌앙 루오
- 降落 착륙(하다)
jiàng luò

취 샤오
- 取消 취소하다
qǔ xiāo

우 띠엔
- 误点 지연(되다)
wù diǎn

(위 위에) 차 뚜이
- (预约)查对 (예약을) 재확인하다
(yù yuē) chá duì

팅 페이
- 停飞 결항(하다)
tíng fēi

취에 런
- 确认 확인하다
què rèn

빤 지
- 班机 정기편
bān jī

씨엔 짜이 칭 떵 지 바
现在请登机吧。 지금 탑승해 주십시오.
xiàn zài qǐng dēng jī ba

쩌 지 찌엔 씽 리 워 야오 투오 윈
这几件行李我要托运。 이 몇 개의 짐을 탁송하려 합니다.
zhè jǐ jiàn xíng li wǒ yào tuō yùn

니 취 나알
A **你去哪儿?** 어디 가십니까?
nǐ qù nǎr

따오 지 창 취 찌에 커 런
B **到机场去接客人。** 공항으로 손님을 맞으러 갑니다.
dào jī chǎng qù jiē kè rén

웨이 쫑 구어 항 콩 써
A **喂,中国航空社。** 여보세요. 중국항공사입니다.
wéi zhōng guó háng kōng shè

워 야오 위 딩 리앙 짱 페이 지 피아오
B **我要预定两张飞机票。** 항공권 2장을 예약하고자 합니다.
wǒ yào yù dìng liǎng zhāng fēi jī piào

오모 几位의 용법

"几个人(몇 분)"의 공손한 표현법으로 "几位"가 쓰이며, "几"는 여기서 불확실한 숫자를 표시하며 의문을 나타내는 것은 아니다.

쩌 지 웨이 또우 쓰 워 더 펑 요우
这几位都是我的朋友。 여기 몇 분은 모두 저의 친구입니다.
zhè jǐ wèi dōu shì wǒ de péng you

니 먼 지 웨이 야오 마이 디엔 션 머
你们几位要买点什么? 여러분들은 무엇을 사려고 합니까?
nǐ men jǐ wèi yào mǎi diǎn shén me

04 출입국을 편리하게

하이 꾸안
- 海关 세관
hǎi guān

찌에 따이 딴 웨이
- 接待单位 접수기관
jiē dài dān wèi

후 짜오
- 护照 여권
hù zhào

션 빠오
- 申报 신고하다
shēn bào

치엔 쩡
- 签证 비자
qiān zhèng

션 빠오 딴
- 申报单 신고서
shēn bào dān

구오 지
- 国籍 국적
guó jí

빠오 꾸안 쇼우 쉬
- 报关手续 통관수속
bào guān shǒu xù

루 찡 카
- 入境卡 입국카드
rù jìng kǎ

빤 쇼우 쉬
- 办手续 수속을 하다
bàn shǒu xù

추 찡 카
- 出境卡 출국카드
chū jìng kǎ

미엔 슈이
- 免税 면세
miǎn shuì

티엔 씨에
- 填写 기입하다
tián xiě

샹 슈이
- 上税 세금을 내다
shàng shuì

추 루 찡 찌엔 차
- 出入竟检查 출입국 심사
chū rù jìng jiǎn chá

파 쿠안
- 罚款 벌금
fá kuǎn

샹 우
- 商务 비지니스
shāng wù

찌엔 이
- 检疫 검역
jiǎn yì

탄 친
- 探亲 고향방문
tàn qīn

페이 파
- 非法 위법의
fēi fǎ

칭 추 쓰 이 씨아 니 더 후 짜오
请出示一下你的护照。
qǐng chū shì yí xià nǐ de hù zhào
당신 여권을 보여 주세요.

칭 니 티엔 씨에 루 찡 카
请你填写入境卡。
qǐng nǐ tián xiě rù jìng kǎ
(당신) 입국카드를 기입해 주세요.

니 쓰 뤼 씽 하이 쓰 샹 우
A **你是旅行还是商务?**
nǐ shì lǚ xíng hái shi shāng wù
당신은 여행 중입니까, 출장 중입니까?

뤼 씽 쫑
B **旅行中。**
lǚ xíng zhōng
여행 중입니다.

니 루 징 더 무 띠 쓰 션 머
A **你入境的目的是什么?**
nǐ rù jìng de mù dì shì shén me
당신의 입국 목적은 무엇인가요?

팡 원 친 치
B **访问亲戚。**
fǎng wèn qīn qi
친지 방문입니다.

오뚝 **一下의 용법**

한 번, 1회의 뜻이며, "좀 ~ 해 보다"라는 뜻이 있는 흔히 사용되는 수량사로서 동작의 횟수를 나타내며 "一下"는 동사 뒤에 쓰여 동작의 짧음을 나타낸다.

콰이 라이 빵 워 이 씨아
快来帮我一下。 빨리 와서 좀 도와 주세요.
kuài lái bāng wǒ yí xià

칭 바 쩌 짱 비아오 티엔 씨에 이 씨아
请把这张表填写一下。 표(양식)를 좀 기입해 주세요.
qǐng bǎ zhè zhāng biǎo tián xiě yí xià

05 기내에서

□ 페이 지
飞机 비행기
fēi jī

□ 팡 따오
放倒 (좌석을) 눕히다
fàng dǎo

□ 페이 씽 위엔
飞行员 조종사
fēi xíng yuán

□ 후안 위엔
还原 환원하다, 돌이키다
huán yuán

□ 쭈오 웨이
座位 좌석
zuò wèi

□ 저 디에 쭈오
折叠桌 접는 테이블
zhé dié zhuō

□ 쭈오 웨이 하오 마
座位号码 좌석번호
zuò wèi hào mǎ

□ 얼 지
耳机 이어폰
ěr jī

□ 안 취엔 따이
安全带 안전벨트
ān quán dài

□ 마오 탄
毛毯 담요
máo tǎn

□ 칭 지에 따이
清洁袋 구토봉지
qīng jié dài

□ 요우 런
有人 (화장실) 사용중
yǒu rén

□ 지오 셩 이
救生衣 구명구
jiù shēng yī

□ 창
舱 객실
cāng

□ 씽 리 찌아
行李架 선반
xíng li jià

□ 토우 떵 창
头等舱 1등석
tóu děng cāng

□ 카오 추앙 후
靠窗户 창쪽
kào chuāng hu

□ 푸 퉁 창
普通舱 보통석
pǔ tōng cāng

□ 카오와이 비엔
靠外边 통로쪽
kào wài biān

□ 윈 지
晕机 비행 현기증
yūn jī

쩌 거 쭈오 웨이 카오 추앙 코우 마
这个座位靠窗口吗?
zhè ge zuò wèi kào chuāng kǒu ma

이 좌석은 창측입니까?

칭 바 카오 뻬이 팡 따오
请把靠背放倒。
qǐng bǎ kào bèi fàng dào

의자를 뒤로 젖혀 주세요.

페이 지 넝 안 쓰 치 페이 마
A 飞机能按时起飞吗?
fēi jī néng àn shí qǐ fēi ma

비행기가 정시에 이륙할 수 있습니까?

비에 딴 신 바 메이 썰
B 别担心吧,没事儿。
bié dān xīn ba méi shìr

걱정마세요. 아무 문제없습니다.

션 머 쓰 호우 치 페이
A 什么时候起飞?
shén me shí hou qǐ fēi

언제 이륙합니까?

마 샹 칭 찌 하오 안 취엔 따어
B 马上,请系好安全带。
mǎ shang qǐng jì hǎo ān quán dài

곧 출발하니, 안전벨트를 착용해 주십시오.

把 + 명사 + 동사의 용법

동작의 결과를 강조하는데 쓰이며, "把" 뒤의 명사는 대개 뒤의 동사의 목적어가 되는데, "把"에 의해 동사 앞으로 이끌려 나온다.

워 야오 바 르 위 쉬에 하오
我要把日语学好。 나는 일본어를 정복하고 싶습니다.
wǒ yào bǎ rì yǔ xué hǎo

따 찌아 바 수 다 카이
大家把书打开。 모두들 책을 펴세요.
dà jiā bǎ shū dǎ kāi

06 호텔에서

판 띠엔
□ 饭店 호텔
fàn diàn

뤼 꾸안
□ 旅馆 여관
lǚ guǎn

로우 팅
□ 楼厅 로비
lóu tīng

씨우 씨 쓰
□ 休息室 휴게실
xiū xī shì

푸 우 타이
□ 服务台 프런트
fú wù tái

떵 지
□ 登记 체크인(하다)
dēng jì

지에 짱
□ 结帐 계산(하다)
jié zhàng

푸 우 위엔
□ 服务员 종업원
fú wù yuán

야오 쓰
□ 钥匙 열쇠
yào shi

리우 앤
□ 留言 메시지
liú yán

찌아오 씽 푸 우
□ 叫醒服务 모닝콜
jiào xǐng fú wù

팡 찌엔 푸 우
□ 房间服务 룸 써비스
fáng jiān fú wù

씨 이 푸 우
□ 洗衣服务 세탁서비스
xǐ yī fú wù

팡 찌엔
□ 房间 객실, 룸
fáng jiān

쑤앙 런 추앙
□ 双人床 더블침대
shuāng rén chuáng

딴 런 추앙
□ 单人床 싱글침대
dān rén chuáng

커 만
□ 客满 객실만원
kè mǎn

팡 페이
□ 房费 객실요금
fáng fèi

쇼우 쥐
□ 收据 영수증
shōu jù

샤오 페이
□ 小费 팁
xiǎo fèi

판 띠엔 요우 메이 요우 요우 쩡 따이 빤 수어
饭店有没有邮政代办所?　호텔에 우편 대리소가 있습니까?
fàn diàn yǒu méi yǒu yóu zhèng dài bàn suǒ

칭 게이 워 지에 짱 바
请给我**结帐**吧。　계산서 주세요.
qǐng gěi wǒ jié zhàng ba.

넌 쉬 야오 찌아오 씽 푸 우 마
A　您需要**叫醒服务**吗?　모닝콜을 원하십니까?
nín xū yào jiào xǐng fú wù ma

짜오 상 치 디엔 칭 찌아오 씽 워
B　早上七点请叫醒我。　아침 7시에 깨워 주세요.
zǎo shang qī diǎn qǐng jiào xǐng wǒ

니 야오 션 머 양 더 팡 찌엔
A　你要什么样的房间?　당신은 어떤 방을 원하십니까?
nǐ yào shén me yàng de fáng jiān

워 야오 쭈 이 타오 쑤앙 런 팡 찌엔
B　我要住一套**双人房间**。　저는 **더블룸**을 원합니다.
wǒ yào zhù yí tào shuāng rén fáng jiān

또오　**正好의 용법**

시간, 위치, 수량, 정도 따위가 "딱좋다, 알맞다"는 뜻으로 크기가 작 지 도 않고 "매우 적당하다"는 뜻을 나타낸다.

쩌 쑤앙 씨에 타 추안 쩡 하오
这双鞋他穿正好。 이 신발은 그에게 딱 맞습니다.
zhè shuāng xié tā chuān zhèng hǎo

니 더 치엔 쩡 하오
你的钱正好。 정확히 지불하셨습니다.
nǐ de qián zhèng hǎo

07 쇼핑하기

바이 후오 샹 띠엔
□ **百货商店** 백화점
bǎi huò shāng diàn

꼬우 마이
□ **购买** 구입하다
gòu mǎi

차오 쓰
□ **超市** 슈퍼마켓
chāo shì

랑 페이
□ **浪费** 낭비하다
làng fèi

쇼우 후오 위엔
□ **售货员** 판매원
shòu huò yuán

츠 쿠이
□ **吃亏** 손해보다
chī kuī

찌아 거
□ **价格** 가격
jià gé

푸 치엔
□ **付钱** 돈을 지불하다
fù qián

화 치엔
□ **花钱** 돈을 쓰다
huā qián

쭈안 치엔
□ **赚钱** 돈을 벌다
zhuàn qián

마이
□ **买** 사다
mǎi

짜오 치엔
□ **找钱** 거스름돈
zhǎo qián

마이
□ **卖** 팔다
mài

뚜오 샤오 치엔
□ **多少钱** 얼마입니까?
duō shao qián

저 코우
□ **折扣** 할인하다
zhé kòu

피엔 이
□ **便宜** (가격이) 싸다
pián yi

찌엔 찌아
□ **减价** 가격인하
jiǎn jià

꾸이
□ **贵** 비싸다
guì

짱 찌아
□ **涨价** 가격인상
zhǎng jià

쇼우 쥐
□ **收据** 영수증
shōu jù

쩌 거 꾸이 부 꾸이
这个**贵不贵**？
zhè ge guì bu guì

이것 비쌉니까?

워 라이 푸 치엔
我来**付钱**。
wǒ lái fù qián

제가 지불하겠습니다.

니 야오 마이 션 머
A 你要**买**什么？
nǐ yào mǎi shén me

당신은 무엇을 사려고 하세요?

워 씨앙 마이 찌 니엔 핀
B 我想买纪念品。
wǒ xiǎng mǎi jì niàn pǐn

기념품을 사고자 합니다.

넝 뿌 넝 따 디엔 저 코우
A 能不能打点**折扣**？
néng bu néng dǎ diǎn zhé kòu

할인이 됩니까?

넝 따 우 저
B 能，打五折。
néng dǎ wǔ zhé

네, 50% 할인됩니다.

有 (一) 点儿 +형용사의 용법

"一点儿"은 원래 "조금"의 뜻으로 쓰이며, 약소하거나 또는 정도가 심하지 않음을 나타낸다.

찐 티엔 요우 디알 렁
今天有点儿冷。 오늘은 좀 춥다.
jīn tiān yǒu diǎnr lěng

타 요우 디알 뿌 까오 씽
他有点儿不高兴。 그는 기분이 좀 좋지 않다.
tā yǒu diǎnr bù gāo xìng

08 계산하기

지 쑤안 □ 计算 계산하다 jì suàn	빤 □ 半 반, 1/2 bàn
이 꽁 □ 一共 합계 yì gòng	토우 하오 □ 头号 첫째 tóu hào
지 거 □ 几个 몇 개 (10 이하) jǐ ge	얼 펀 쯔 이 □ 二分之一 1/2 èr fēn zhī yī
뚜오 □ 多 많다 duō	싼 펀 쯔 얼 □ 三分之二 2/3 sān fēn zhī èr
샤오 □ 少 적다 shǎo	링 디엔 우 □ 零点五 0.5 líng diǎn wǔ
뚜오 샤오 □ 多少 몇 개 (10 이상) duō shao	바이 펀 비 □ 百分比 백분율 bǎi fēn bǐ
쩡 찌아 □ 增加 증가하다 zēng jiā	바이 펀 즈 쓰 □ 百分之十 100분의 10 (1/10) bǎi fēn zhī shí
지엔 샤오 □ 减少 감소하다 jiǎn shǎo	떵 위 □ 等于 ~와 같다 děng yú
비 □ 比 ~에 비해 bǐ	흐어 뚜이 □ 核对 검산하다 hé duì
뻬이 □ 倍 ~배 bèi	차오 꾸오 □ 超过 초과하다 chāo guò

성 러 지 거
剩了几个?
shèng le jǐ ge

몇 개 남았습니까?

비 취 니엔 쩡 찌아 러 이 뻬이
比去年增加了一倍。
bǐ qù nián zēng jiā le yí bèi

작년에 비해 배가 증가했다.

이 꿍 뚜오 샤오 치엔
A 一共多少钱?
yí gòng duō shao qián

모두 얼마입니까?

얼 쓰 콰이 쓰 마오
B 二十块四毛。
èr shí kuài sì máo

20원 4마오입니다.

니 쯔 다오 하이 더 마엔 지 뚜오 따 마
A 你知道海的面积多大吗?
nǐ zhī dào hǎi de miàn jì duō dà ma

바다의 면적이 얼마인지 아십니까?

띠 치우 더 싼 펀 쯔 얼 쓰 하이
B 地球的三分之二是海。
dì qiú de sān fēn zhī èr shì hǎi

지구의 2/3는 바다입니다.

메모 덧셈, 뺄셈, 곱셈, 나눗셈의 읽기

싼 찌아 쓰 덩 위 치
3 + 4 = 7 → **三加四等于七**
sān jiā sì děng yú qī

우 지엔 얼 덩 위 싼
5 − 2 = 3 → **五减二等于三**
wǔ jiǎn èr děng yú sān

싼 청 이 쓰 덩 위 스 얼
3 × 4 = 12 → **三承以四等于十二**
sān chéng yǐ sì děng yú shí èr

스 추 이 얼 덩 위 우
10 ÷ 2 = 5 → **十除以二等于五**
shí chú yǐ èr děng yú wǔ

09 거리구경

꾸앙 찌에
□ 逛街 거리를 산보하다
guàng jiē

치아오
□ 桥 다리
qiáo

마 루
□ 马路 큰길, 찻길
mǎ lù

티엔 치아오
□ 天桥 육교
tiān qiáo

찌에 따오
□ 街道 거리, 시내
jiē dào

안 취엔 따오
□ 安全岛 안전지대
ān quán dǎo

후 퉁
□ 胡同 골목
hú tòng

짜오 퉁 징 차
□ 交通警察 교통경찰
jiāo tōng jǐng chá

르어 나오
□ 热闹 번화하다
rè nao

쩐 머 조우
□ 怎么走 어떻게 갑니까
zěn me zǒu

지 찡
□ 寂静 적막하다
jì jìng

헝 추안
□ 横穿 횡단하다
héng chuān

용 지
□ 拥挤 혼잡하다
yōng jǐ

꾸아이
□ 拐 돌다
guǎi

야 마 루
□ 压马路 거리를 산책하다
yà mǎ lù

홍 떵
□ 红灯 적신호
hóng dēng

스 쯔 루 코우
□ 十字路口 십자로
shí zì lù kǒu

두 처
□ 堵车 교통이 막히다
dǔ chē

런 씽 따오
□ 人行道 인도
rén xíng dào

꾸오 마 루
□ 过马路 길을 건너다
guò mǎ lù

꾸오 마 루
过马路。
guò mǎ lù

길을 건너다.

헝 추안 마 루 쓰 야오 샤오 씬
横穿马路时要小心。
héng chuān mǎ lù shí yào xiǎo xīn

횡단할 때는 조심해야 한다.

니 쩐 머 요우 라이 완 러
A 你怎么又来晚了?
nǐ zěn me yòu lái wǎn le

너 왜 또 늦었니?

부 하오 이 쓰 루 상 두 처
B 不好意思,路上堵车。
bù hǎo yì si lù shang dǔ chē

미안해요. 길이 막혔어요.

칭 원 한 구어 더 따 쓰 관 쩐 머 조우
A 请问,韩国的大使馆怎么走?
qǐng wèn hán guó de dà shǐ guǎn zěn me zǒu

실례합니다. 한국 대사관에 어떻게 갑니까?

워 이예 부 쯔 따오 원 이 씨아 짜오 퉁 징 차 바
B 我也不知道,问一下交通警察吧。
wǒ ye bù zhī dao wèn yí xià jiāo tōng jǐng chá ba

나도 모르겠어요. 교통경찰에게 물어 보세요.

오뜨 동사 + 到 + 명사(장소)의 용법

"到"는 동사로 "~에 이르다, 도착하다"의 뜻이며, 사람이나 물체가 동작에 따라 어떤 위치에 도달함을 나타낸다. 또한 개사로 쓰일때는 "~에, 로, 까지"의 의미를 가지고 있다.

니 먼 씨엔 짜이 쉐에 따오 띠 지 커 러
你们现在学到第几课了? 당신들은 현재 몇 과까지 배웠습니까?
nǐ men xiàn zài xué dào dì jǐ kè le

칭 바 워 쑹 따오 베이 찡 판 띠엔
请把我送到北京饭店。 저를 북경호텔까지 데려다 주십시오.
qǐng bǎ wǒ sòng dào běi jīng fàn diàn

10 차표사기

처 짠
- 车站 정류장
chē zhàn

띠 티에
- 地铁 지하철
dì tiě

창 투 치 처
- 长途汽车 장거리 버스
cháng tú qì chē

띠 티에 짠
- 地铁站 지하철역
dì tiě zhàn

처 페이
- 车费 차비
chē fèi

후안 처
- 换车 갈아타다
huàn chē

쇼우 피아오 위엔
- 售票员 매표원
shòu piào yuán

씨아 이 짠
- 下一站 다음 역
xià yí zhàn

처 피아오
- 车票 차표
chē piào

카이 왕
- 开往 ~행
kāi wǎng

위에 피아오
- 月票 정기권
yuè piào

랑 쭈오
- 让座 자리를 양보하다
ràng zuò

빤 처
- 班车 정시운행 버스
bān chē

쭈아 푸 쇼우
- 抓扶手 손잡이를 잡다
zhuā fú shǒu

토우 빤 처
- 头班车 첫차
tóu bān chē

룬 추안
- 轮船 정기선(배)
lún chuán

므어 빤 처
- 末班车 막차
mò bān chē

란 처
- 缆车 케이블카
lǎn chē

우 꾸이 띠엔 처
- 无轨电车 무궤도 전동차
wú guǐ diàn chē

카 처
- 卡车 트럭
kǎ chē

하이 융 후안 처 마
还用**换车**吗?
hái yòng huàn chē ma

또 차를 갈아타야 합니까?

워 야오 짜이 베이 찡 쟌 씨아 처
我要在**北京站**下车。
wǒ yào zài běi jīng zhàn xià chē

저는 북경역에서 내리겠습니다.

짜이 날 후안 처 하오 너
A 在哪儿换车好呢?
zài nǎr huàn chē hǎo ne

어디서 차를 갈아타야 합니까?

씨아 이 짠
B 下一站。
xià yí zhàn

다음 역입니다.

따오 상 하이 더 처 피아오 뚜어 샤오 치엔
A 到上海的**车票**多少钱?
dào shàng hǎi de chē piào duō shao qián

상해까지 차비가 얼마입니까?

리앙 바이 위엔
B 两百元。
liǎng bǎi yuán

200원입니다.

오모 往 + 형용사의 용법

"往"은 "가다", "~로 향하다"라는 의미의 동사이며, 명사앞에 쓰여 동작의 방향을 나타낸다. 또한 "~쪽으로 ~을 향해"라는 뜻의 개사(전치사)이기도 하다.

쩌 페이지 쓰 왕 날 카이 더
这飞机是往哪儿开的? 이 비행기는 어디 행입니까?
zhè fēi jī shì wǎng nǎr kāi de

왕 뻬이 찡 카이 더
往北京开的。 북경행입니다.
wǎng běi jīng kāi de

11 차에 타기

꽁 루
□ 公路 간선도로
gōng lù

미엔 빠오 처
□ 面包车 봉고형 승합차
miàn bāo chē

처
□ 车 자동차
chē

찌아오 처
□ 轿车 승용차(세단)
jiào chē

카이 처
□ 开车 차를 운전하다
kāi chē

모 투오 처
□ 摩托车 오토바이
mó tuō chē

쭈오 처
□ 坐车 (차에) 앉다
zuò chē

쯔 씽 처
□ 自行车 자전거
zì xíng chē

샹 처
□ 上车 (차에) 타다
shàng chē

치
□ 骑 (말에) 타다
qí

씨아 처
□ 下车 (차에서) 내리다
xià chē

쓰 지
□ 司机 운전기사
sī jī

요우 씽
□ 右行 우측통행
yòu xíng

즈 짜오
□ 执照 면허증
zhí zhào

치 처
□ 汽车 자동차
qì chē

찌아 요우 짠
□ 加油站 주유소
jiā yóu zhàn

꽁 꽁 치 처
□ 公共汽车 버스
gōng gòng qì chē

두 써
□ 堵塞 교통체증
dǔ sè

추 주 치 처
□ 出租汽车 택시
chū zū qì chē

빠오 쭈
□ 包租 (차를) 대절하다
bāo zū

칭 원 따오 베이 찡 짠 쭈오 지 루 처
请问,到北京站坐几路车?
qǐng wèn dào běi jīng zhàn zuò jǐ lù chē

북경역에 가려면 몇 번 차를 타야 합니까?

니 후이 카이 처 마
你会开车吗?
nǐ huì kāi chē ma

당신은 운전 할 줄 압니까?

니 요우 메이 요우 처
A 你有没有车?
nǐ yǒu méi yǒu chē

당신은 차가 있습니까?

메이 요우
B 没有。
méi yǒu

없습니다.

쩌 루 처 취 부 취 띠 티에 짠
A 这路车去不去地铁站?
zhè lù chē qù bu qù dì tiě zhàn

이 차는 전철역으로 가나요?

취 칭 상 처 바
B 去,请上车吧。
qù qǐng shàng chē ba

갑니다. 타세요.

오또 ... , 是吗의 용법

"그렇습니까, 사실입니까"의 뜻이며, 상대방이 자기가 말한 것을 증명하길 요구하는 것이다. 대답이 긍정일 때는 "是" 또는 "是的"를 쓰고 부정일 때는 "不" 또는 "不是的"를 사용한다.

팅 쑤오 니 씨아 거 위에 취 메이 구어 쓰 마
听说你下个月去美国,是吗?
tīng shuō nǐ xià ge yuè qù měi guó shì ma

듣건데 당신은 다음달 미국에 간다는데, 사실입니까?

쓰 더
是的。 그렇습니다.
shì de

부 쓰 더
不是的。 아닙니다.
bú shì de

12 열차여행

티에 루
□ 铁路 철도
tiě lù

쇼우 피아오 추
□ 售票处 매표소
shòu piào chù

지엔 피아오 코우
□ 检票口 개찰구
jiǎn piào kǒu

호우 처 쓰
□ 候车室 대합실
hòu chē shì

지 춘 추
□ 寄存处 화물보관처
jì cún chù

위에 타이
□ 月台 플랫폼
yuè tái

스 커 비아오
□ 时刻表 시간표
shí kè biǎo

샹 씽
□ 上行 상행선
shàng xíng

씨아 씽
□ 下行 하행선
xià xíng

처 츠
□ 车次 열차번호 (운행순서)
chē cì

딴 청
□ 单程 편도
dān chéng

쑤앙 청
□ 双程 왕복
shuāng chéng

후오 처
□ 火车 기차
huǒ chē

잉 쭈오
□ 硬座 보통차 (딱딱한 의자)
yìng zuò

루안 쭈오
□ 软座 고급차 (푹신한 의자)
ruǎn zuò

워 푸
□ 卧铺 침대차
wò pù

찬 처
□ 餐车 식당차
cān chē

트어 콰이
□ 特快 특급
tè kuài

콰이 처
□ 快车 급행
kuài chē

만 처
□ 慢车 완행
màn chē

라오 찌아 호우 처 쓰 짜이 날
劳驾,候车室在哪儿? 실례합니다만, 대합실이 어디입니까?
láo jià hòu chē shì zài nǎr

칭 원 청 스 츠 트어 콰이 까이 상 지 하오 위에 타이
请问,乘10次特快该上几号月台?
qǐng wèn chéng shí cì tè kuài gāi shàng jǐ hào yuè tái
실례지만, 10번 특급열차는 몇 번 홈에서 타야합니까?

니 야오 마이 잉 워 하이 스 루안 워
A **你要买硬卧还是软卧?**
nǐ yào mǎi yìng wò hái shi ruǎn wò
딱딱한 침대를 원하세요, 푹신한 침대를 원하세요?

워 야오 루안 워
B **我要软卧。** 푹신한 침대로 하겠습니다.
wǒ yào ruǎn wò

리에 처 위엔 통 쯔 찬 처 짜이 날
A **列车员同志,餐车在哪儿?**
liè chē yuán tóng zhì cān chē zài nǎr
차장 아저씨, 식당칸이 어디입니까?

저 리앙 리에 처 더 쭈이 호우 이 지에 처 씨양
B **这辆列车的最后一节车厢。**
zhè liàng liè chē de zuì hòu yì jié chē xiāng
이 열차의 가장 뒤쪽칸입니다.

几의 용법

"얼마, 몇"의 뜻이며, 일반적으로 9 이하의 숫자를 헤아릴 때 사용한다.

니 요우 지 번 쭝 원 쑤
你有几本中文书? 너는 중국책이 몇 권 있니? (10권 미만)
nǐ yǒu jǐ běn zhōng wén shū

니 샹 우 요우 지 지에 커
你上午有几节课? 너는 오전에 강의가 몇 개 있니?
nǐ shàng wǔ yǒu jǐ jié kè

3장

자주 쓰는
일상 단어

01 식당에서

찬 팅
- 餐厅 음식점 (레스토랑)
cān tīng

취엔 씨
- 全席 풀코스 식사
quán xí
(여러 요리가 다 나오는 연회식)

판 구알
- 饭馆儿 식당 (규모가 있는)
fàn guǎnr

쩡 찬
- 正餐 정식 (디너식)
zhèng cān

쓰 탕
- 食堂 식당
shí táng

쥬 차이
- 主菜 주된 요리
zhǔ cài

씨 찬
- 西餐 양식
xī cān

티엔 쓰
- 甜食 후식 (디저트)
tián shí

쫑 찬
- 中餐 중국요리
zhōng cān

쯔 쭈
- 自助 셀프 서비스
zì zhù

르 찬
- 日餐 일식
rì cān

샤오 츠 띠엔
- 小吃店 스넥 식당
xiǎo chī diàn

차이 딴
- 菜单 차림표 (메뉴)
cài dān

샤오 츠
- 小吃 스넥 (간단한 음식)
xiǎo chī

띠엔 차이
- 点菜 주문하다
diǎn cài

펄 판
- 份儿饭 정식
fènr fàn

쑤안 짱
- 算帐 계산하다
suàn zhàng

수이 삐엔
- 随便 마음대로, 편안히
suí biàn

핀 판
- 拼盘 평범한 요리
pīn pán
(두 종류 이상의 냉채를 한 접시에 담아놓은 요리)

코우 푸
- 口福 먹을 복 (식복)
kǒu fú

징 바 차이 딴 게이 워 칸 칸
请把菜单给我看看。
qǐng bǎ cài dān gěi wǒ kàn kan

메뉴를 보여 주세요.

니 수이 삐엔 띠엔 차이 바
你随便点菜吧。
nǐ suí biàn diǎn cài ba

당신 마음대로 주문하세요.

닌 쯔 다오 나 찌아 판 구알 하오
A 您知道哪家饭馆儿好?
nín zhī dao nǎ jiā fàn guǎnr hǎo

어느 식당이 좋은지 아세요?

쩌 지아 판 괄 더 차이 하오 츠 얼 치에 비 찌아오 피엔 이
B 这家饭馆儿的菜好吃而且比较便宜。
zhè jiā fàn guǎnr de cài hǎo chī ér qiě bǐ jiào pián yi

이 식당의 음식이 맛있고 비교적 저렴합니다.

니 씨앙 츠 쫑 찬 하이 쓰 씨 찬
A 你想吃中餐还是西餐?
nǐ xiǎng chī zhōng cān hái shi xī cān

중국요리를 드시겠습니까, 서양요리를 드시겠습니까?

워 씨 환 츠 쫑 찬 터 비에 쓰 베이 찡 카오 야
B 我喜欢吃中餐特别是北京烤鸭。
wǒ xǐ huan chī zhōng cān tè biè shì běi jīng kǎo yà

저는 중국요리를 좋아합니다, 특히 북경오리구이를 좋아합니다.

很의 용법

"아주, 매우, 잘, 대단히, 몹시"의 뜻을 가진 부사로서 성질이나 상태의 정도를 나타내며, 일반적으로 단음절 형용사의 경우 습관적으로 "很"을 붙여 사용한다.

워 헌 까오 씽
我很高兴。 나는 매우 기쁩니다.
wǒ hěn gāo xìng

워 헌 만 이
我很满意。 나는 매우 만족합니다.
wǒ hěn mǎn yì

02 식사하기

짜오 판
□ 早饭 아침식사
zǎo fàn

청
□ 盛 공기에 담다
chéng

우 판
□ 午饭 점심식사
wǔ fàn

하오 츠
□ 好吃 맛있다
hǎo chī

완 판
□ 晚饭 저녁식사
wǎn fàn

찌아오
□ 嚼 씹다
jiáo

쭈오 판
□ 做饭 밥을 짓다
zuò fàn

얜
□ 咽 (음식을) 넘기다
yàn

차이
□ 菜 반찬, 요리
cài

빠오
□ 饱 배부르다
bǎo

찌아 창 차이
□ 家常菜 가정요리
jiā cháng cài

으어
□ 饿 배가 고프다
è

미 판
□ 米饭 밥 (쌀밥)
mǐ fàn

크어
□ 渴 목이 마르다
kě

미엔 티아오
□ 面条 면
miàn tiáo

삐엔 찬
□ 便餐 간단한 식사
biàn cān

미엔 빠오
□ 面包 빵
miàn bāo

링 쓰
□ 零食 간식 (주전부리)
líng shí

띠엔 씬
□ 点心 과자
diǎn xīn

이에 찬
□ 夜餐 야식
yè cān

니 쯔 지 쭈오 판 마
你自己做饭吗?
nǐ zì jǐ zuò fàn ma

당신은 혼자 밥을 지어 먹습니까?

상 하이 차이 요우 션 머 트어 디엔
上海菜有什么特点?
shàng hǎi cài yǒu shén me tè diǎn

상해 요리는 어떤 특징이 있습니까?

니 씨앙 츠 션 머 차이
A 你想吃什么菜?
nǐ xiǎng chī shén me cài

뭘 드시고 싶으세요?

워 야오 츠 쭝 찬
B 我想吃中餐。
wǒ xiǎng chī zhōng cān

저는 중국요리를 먹고 싶습니다.

쩌 판 차이 헌 하오 마
A 这饭菜很好吗?
zhè fàn cài hěn hǎo ma

이 식사는 매우 맛있습니까?

헌 하오 츠 판 요 디얼 니
B 很好吃,但有点儿腻。
hěn hǎo chī dàn yǒu diǎnr nì

맛있습니다. 하지만 조금 느끼합니다.

啊의 용법

어기사로 문장 끝에 쓰여 각종 어기를 표시한다. 찬성, 찬양을 뜻하며, "啊"는 "吗"처럼 스스로 의문문을 만들지 못한다.

니 더 팡 파 헌 하오 아
你的方法很好啊。너의 방법이 매우 좋구나.
nǐ de fāng fǎ hěn hǎo a

쩌 똥 시 헌 피엔 이 아
这东西很便宜啊。이 물건은 매우 싸군요.
zhè dōng xi hěn pián yi a

03 맛이 어떻습니까?

웨이 따오
□ 味道 맛
wèi dao

하오 요우
□ 蚝油 굴기름 (갈색의 짭짤한)
háo yóu

창
□ 尝 맛을 보다
cháng

찌앙
□ 姜 생강
jiāng

쭈오 리아오
□ 作料 조미료
zuò liao

따 쑤안
□ 大蒜 마늘
dà suàn

앤
□ 盐 소금
yán

후앙 요우
□ 黄油 버터
huáng yóu

바이 탕
□ 白糖 설탕
bái táng

씨앙 요우
□ 香油 참기름
xiāng yóu

찌앙
□ 酱 된장
jiàng

쿠
□ 苦 쓰다
kǔ

찌앙 요우
□ 酱油 간장
jiàng yóu

티엔
□ 甜 달다
tián

추
□ 醋 식초
cù

쑤안
□ 酸 시다
suān

라 찌아오
□ 辣椒 고추
là jiāo

시엔
□ 咸 짜다
xián

후 찌아오
□ 胡椒 후추
hú jiāo

라
□ 辣 맵다
là

창 니 창 창 쩌 거 차이
请你尝尝这个菜。
qǐng nǐ cháng chang zhè ge cài

(당신) 이 음식 맛좀 보세요.

하오 츠 지 러
好吃极了。
hǎo chī jí le

아주 맛이 좋습니다.

웨이 따오 쩐 머 양
A **味道怎么样?**
wèi dao zěn me yàng

맛이 어떻습니까?

요우 디얼 라 더
B **有点儿辣的。**
yǒu diǎnr là de

조금 맵습니다.

니 씨 환 츠 티엔 더 마
A **你喜欢吃甜的吗?**
nǐ xǐ huan chī tián de ma

당신은 단것을 좋아합니까?

부 워 씨 환 쑤안 더
B **不,我喜欢酸的。**
bù wǒ xǐ huan suān de

아니요. 저는 신것을 좋아합니다.

오또 **好의 용법**

"好"는 "좋다"의 의미이며, 또한 "~하기가 쉽다, ~하기 좋다"의 의미도 있으며, 정도가 높은 감탄의 어기를 나타내기도 한다.

찐 티엔 하오 렁
今天好冷。 오늘 날씨가 춥구나.
jīn tiān hǎo lěng

쩌 거 차이 웨이 따오 하오 지 러
这个菜,味道好极了。 이 음식은, 맛이 참 좋군요.
zhè ge cài wèi dao hǎo jí le

04 무엇을 마시겠습니까?

카이 쉐이
- 开水 끓인 물
kāi shuǐ

바이 란 디
- 白兰地 브랜디
bái lán dì

리앙 바이 카이
- 凉白开 끓인 물을 식힌 것
liáng bái kāi

니우 나이
- 牛奶 우유
níu nǎi

차
- 茶 차
chá

꾸오 즈
- 果汁 주스
guǒ zhī

차 이에
- 茶叶 차잎
chá yè

치 쉐이
- 汽水 사이다
qì shuǐ

홍 차
- 红茶 홍차
hóng chá

삥 치 린
- 冰淇淋 아이스크림
bīng qí lín

화 차
- 花茶 쟈스민향차
huā chá

딴 까오
- 蛋糕 케이크
dàn gāo

카 페이
- 咖啡 커피
kā fēi

빙 깐
- 饼干 비스킷
bǐng gān

피 지오
- 啤酒 맥주
pí jiǔ

디엔 씬
- 点心 과자
diǎn xīn

푸 타오 지우
- 葡萄酒 포도주
pú tao jiǔ

치아오 커 리
- 巧克力 쵸코릿
qiǎo kè lì

웨이 쓰 지
- 威士忌 위스키
wēi shì jì

흐어
- 喝 마시다
hē

라이 싼 팡 피 지우 바
来三瓶啤酒吧。
lái sān píng pí jiǔ ba

맥주 3병 주세요.

닌 쭈이 씨 환 흐어 션 머 차
您最喜欢喝什么茶?
nín zuì xǐ huan hē shén me chá

당신은 어떤 차를 가장 좋아하나요?

워 먼 짜이 날 찌엔 미엔
A 我们在哪儿见面?
wǒ men zài nǎr jiàn miàn

우리 어디서 만날까?

짜이 쑤 디엔 리 더 카 페이 팅
B 在书店里的咖啡厅。
zài shū diàn li de kā fēi tīng

서점 안에 있는 커피샵에서요.

쩌 쫑 디엔 씬 찌아오 션 머
A 这种点心叫什么?
zhè zhǒng diǎn xīn jiào shén me

이 과자는 뭐라고 하죠?

쩌 찌아오 후오 투이 빙 깐
B 这叫火腿饼干。
zhè jiào huǒ tuǐ bǐng gān

이것은 햄과자라 부릅니다.

请의 용법

"청구하다, 원하다, 부탁하다"의 의미이며, 상대방이 무엇을 해 주기를
요청하거나 희망할 때 쓰는 겸양어이다.

칭 쭈오
请坐。 앉으세요.
qǐng zuò

칭 니 짜이 쑤오 이 삐엔
请你再说一遍。 다시 한번 이야기 해 주세요.
qǐng nǐ zài shuō yí biàn

05 식사도구

찬 쥐
□ 餐具 식기
cān jù

차 후
□ 茶壶 (손잡이 달린) 잔
chá hú

판 완
□ 饭碗 밥그릇
fàn wǎn

누안 수이 핑
□ 暖水瓶 보온병
nuǎn shuǐ píng

판 즈
□ 盘子 쟁반
pán zi

차 뻬이
□ 茶杯 찻잔
chá bēi

띠에 즈
□ 碟子 작은접시
dié zi

쁘어 리 뻬이
□ 玻璃杯 유리컵
bō li bēi

콰이 즈
□ 筷子 젓가락
kuài zi

꾸오
□ 锅 냄비
guō

샤오 즈
□ 勺子 숟가락
sháo zi

카오 씨앙
□ 烤箱 오븐
kǎo xiāng

차 즈
□ 叉子 포크
chā zi

띠엔 판 꾸오
□ 电饭锅 전기밥솥
diàn fàn guō

찬 따오
□ 餐刀 식칼
cān dāo

차오 차이 꾸오
□ 炒菜锅 프라이팬
chǎo cài guō

야 치엔
□ 牙签 이쑤시개
yá qiān

찬 진 쯔
□ 餐巾纸 냅킨
cān jīn zhǐ

쉐이 후
□ 水壶 주전자
shuǐ hú

차이 빤
□ 菜板 도마
cài bǎn

메이 티엔 츠 싼 뚠 판
每天吃三顿饭。
měi tiān chī sān dùn fàn
매일 세 끼의 식사를 먹는다.

왕 쉐이 후 리 꾸안 쉐이
往水壶里灌水。
wǎng shuǐ hú li guàn shuǐ
주전자에 물을 붓는다.

니 먼 야오 션 머 찬 쥐
A **你们要什么餐具?**
nǐ men yào shén me cān jù
너희들은 어떤 식기가 필요하니?

콰이 즈 흐어 디에 즈
B **筷子和碟子。**
kuài zi hé dié zi
젓가락과 작은 접시요.

차오 차이 꾸오 타이 탕 러
A **炒菜锅太烫了。**
chǎo cài guō tài tàng le
프라이팬이 무지 뜨거워.

랑 워 샤오 씬 디얼 쓰 바 밍 바이 러
B **让我小心点儿是吧,明白了。**
ràng wǒ xiǎo xīn diànr shì ba míng bai le
조심하라고, 알았어.

오뚜 吗의 용법

동사, 형용사, 긍정문 끝에 "吗"를 붙여 의문을 표현한다.

니 하오 마
你好吗? 안녕하세요?
nǐ hǎo ma

니 푸 무 하오 마
你父母好吗? 당신 부모님은 어떠세요?
nǐ fù mǔ hǎo ma

06 요리하기

탕
□ 汤 스프 (국물)
tāng

샤오 마이
□ 烧卖 만두 (찐것)
shāo mài

차오 판
□ 炒饭 볶음밥
chǎo fàn

요우 티아오
□ 油条 (기름에 튀긴) 빵
yóu tiáo

씨 판
□ 稀饭 죽
xī fàn

후오 투이
□ 火腿 햄
huǒ tuǐ

차오 미엔
□ 炒面 볶음면
chǎo miàn

치에
□ 切 자르다
qiē

씨엔 차이
□ 咸菜 무침나물, 김치
xián cài

주
□ 煮 삶다
zhǔ

샤오 삥
□ 烧饼 소병
shāo bīng
(표면에 참깨를 뿌려 구운 빵)

짜
□ 炸 튀기다
zhá

만 토우
□ 馒头 만두 (속이 없는)
mán tou

차오
□ 炒 볶다
chǎo

빠오 즈
□ 包子 고기만두
bāo zi

찌엔
□ 煎 달이다
jiān

까오
□ 糕 떡
gāo

카오
□ 烤 불에 굽다
kǎo

찌아오 즈
□ 饺子 물만두
jiǎo zi

쩡
□ 蒸 찌다
zhēng

빠오 찌아오 즈
包饺子。
bāo jiǎo zi
만두를 싸다.

바 후오 투이 치에 청 바오 피엔
把火腿切成薄片。
bǎ huǒ tuǐ qiē chéng báo piàn
햄을 얇게 썰다.

니 야오 부 야오 탕
A 你要不要汤?
nǐ yào bú yào tāng
스프를 드시겠습니까?

부 야오 탕
B 不要汤。
bú yào tāng
먹지 않겠어요.

니 디엔 션 머
A 你点什么?
nǐ diǎn shén me
무엇을 주문하시겠어요?

워 야오 차오 판
B 我要炒饭。
wǒ yào chǎo fàn
볶음밥 주세요.

能의 용법

"~ 할 수 있다, 할 줄 안다, 할 능력이 있다"의 뜻이며, 동사 앞에 놓여 어떤 일을 할 능력이 있다는 것을 나타낸다.

니 넝 카이 치 처 마
你能开汽车吗? 당신은 운전 할 줄 압니까?
nǐ néng kāi qì chē ma

워 넝 팅 동 니 더 화
我能听懂你的话。 나는 너의 말을 알아들을 수 있다.
wǒ néng tīng dǒng nǐ de huà

※ "能"의 부정형식은 "不能"이다.

07 산해진미

위
□ 鱼 생선
yú

씨앙 지아오
□ 香蕉 바나나
xiāng jiāo

므어 위
□ 墨鱼 오징어
mò yú

씨 꽈
□ 西瓜 수박
xī guā

씨아
□ 虾 새우
xiā

핑 구오
□ 苹果 사과
píng guǒ

로우
□ 肉 고기
ròu

야오 구오
□ 腰果 캐슈너트
yāo guǒ

지 딴
□ 鸡蛋 계란
jī dàn

씽
□ 杏 살구
xìng

므어 꾸
□ 蘑菇 버섯
mó gu

앤 워
□ 燕窝 제비집 (요리)
yàn wō

화 성
□ 花生 땅콩
huā shēng

씨옹 쨩
□ 熊掌 곰 발바닥 (요리)
xióng zhǎng

쯔 마
□ 芝麻 깨
zhī ma

위 츠
□ 鱼翅 물고기 지느러미
yú chì

쉐이 구오
□ 水果 과일
shuǐ guǒ

씬 씨엔
□ 新鲜 싱싱한, 새로운
xīn xiān

쥐 즈
□ 橘子 밀감
jú zi

화이 러
□ 坏 (了) 부패하다
huài le

쩌 티아오 위 씬 씨엔 마
这条鱼新鲜吗?
zhè tiáo yú xīn xiān ma

이 생선은 신선합니까?

츠 쉐이 구오 요우 이 위 찌엔 캉
吃水果有益于健康。
chī shuǐ guǒ yǒu yí yú jiàn kāng

과일을 먹는 것은 건강에 좋다.

니 씨 환 츠 션 머 로우
A 你喜欢吃什么肉?
  nǐ xǐ huan chī shén me ròu

당신은 어떤 고기를 좋아하십니까?

워 씨 환 츠 니우 로우
B 我喜欢吃牛肉。
  wǒ xǐ huan chī niú ròu

나는 소고기를 좋아합니다.

니 아이 츠 션 머 쉐이 구오
A 你爱吃什么水果?
  nǐ ài chī shén me shuǐ guǒ

당신은 어떤 과일을 좋아하십니까?

워 아이 츠 핑 구오
B 我爱吃苹果。
  wǒ ài chī píng guǒ

나는 사과를 좋아합니다.

또오 **极了의 용법**

"아주, 몹시, 극히"의 뜻이며, 성질, 성격의 상태를 나타내는 형용사 나 동사의 뒤에 놓여 최고의 경지에 도달했음을 나타낸다.

워 찐 티엔 레이 지 러
我今天累极了。 나는 오늘 매우 피곤하다.
wǒ jīn tiān lèi jí le

쩌 츠 카오 쓰 난 지 러
这次考试难极了。 이번 시험은 정말 어렵다.
zhè cì kǎo shì nán jí le

08 곡물과 야채

따오 즈
□ 稻子 쌀 (벼)
dào zi

쑤 차이
□ 蔬菜 야채
shū cài

따 마이
□ 大麦 보리
dà mài

따 바이 차이
□ 大白菜 배추
dà bái cài

쌰오 마이
□ 小麦 밀
xiǎo mài

루오 보
□ 萝卜 무우
luó bo

까오 리앙
□ 高粱 수수
gāo liang

후 루오 보
□ 胡萝卜 당근
hú luó bo

훙 쑤
□ 红薯 고구마
hóng shǔ

투 또우
□ 土豆 감자
tǔ dòu

위 미
□ 玉米 옥수수
yù mǐ

총
□ 葱 파
cōng

따 미
□ 大米 쌀
dà mǐ

양 총
□ 洋葱 양파
yáng cōng

미엔 펀
□ 面粉 밀가루
miàn fěn

후앙 꽈
□ 黄瓜 오이
huáng guā

따 또우
□ 大豆 콩
dà dòu

칭 차이
□ 青菜 푸른채소
qīng cài

또우 푸
□ 豆腐 두부
dòu fu

씨 훙 쓰
□ 西红柿 토마토
xī hóng shì

허 베이 띠 취 주 야오 셩 찬 위 미
河北地区主要生产玉米。
hé bĕi dì qū zhŭ yào shēng chăn yù mĭ

하북지방은 주로 옥수수를 생산한다.

씨 홍 쓰 쓰 수 차이 하이 쓰 쉐이 구오
西红柿是蔬菜还是水果? 토마토는 채소인가요 과일인가요?
xī hóng shì shì shū cài hái shi shuĭ guŏ

니 씨 환 선 머 쑤 차이
A 你喜欢什么蔬菜? 어떤 채소를 좋아하십니까?
nĭ xĭ huan shén me shū cài

워 씨 환 바이 차이
B 我喜欢白菜。 배추를 좋아합니다.
wŏ xĭ huan bái cài

니 디엔 선 머
A 你点什么? 무엇을 주문하시겠어요?
nĭ diăn shén me

워 야오 이 판 마 포 또우 푸
B 我要一盘麻婆豆腐。 마파두부 한 접시 주세요.
wŏ yào yì pán má po dòu fu

오또 **可以의 용법**

"~을 해도 좋다"의 뜻이며, 동사 앞에 쓰여 어떤 일을 하도록 허락 하 는 것을 나타내기도 하고, "~할 수 있다" 가능이나 능력을 표현하기도 한다.

쩌 리 커 이 짜오 씨앙 마
这里可以照相吗? 여기서 사진 찍어도 됩니까?
zhè li kĕ yĭ zhào xiàng ma

커 이
可以。 괜찮습니다.
kĕ yĭ

부정의 대답을 할 경우에는 "不行" 또는 "不成"을 쓰며 "不可以"는 단독 으로 답하는 데 쓰이지 않는다.

09 교실에서 1

크어 □ 课 수업 kè	니엔 □ 念 읽다 niàn
크어 탕 □ 课堂 교실 kè táng	씨에 □ 写 쓰다 xiě
샹 크어 □ 上课 수업하다 shàng kè	원 □ 问 묻다 wèn
씨아 크어 □ 下课 수업이 끝나다 xià kè	후이 따 □ 回答 회답하다 (대답하다) huí dá
팅 크어 □ 听课 수업을 듣다 tīng kè	투 비아오 □ 图表 도표 tú biǎo
지앙 크어 □ 讲课 강의하다, 설명하다 jiǎng kè	뻬이 □ 背 암기하다 bèi
크어 번 □ 课本 교과서 kè běn	뻬이 쏭 □ 背诵 암송하다 bèi sòng
비 찌번 □ 笔记本 노트 bǐ jì běn	짜오 쥐 □ 造句 작문하다 zào jù
크어 원 □ 课文 본문 (교과서의) kè wén	팅 씨에 □ 听写 듣고 받아쓰기 tīng xiě
찌아오 □ 教 가르치다 jiāo	쭈어 이에 □ 作业 숙제 zùo yè

니 지 디엔 씨아 크어
你几点下课? 몇 시에 수업이 끝납니까?
nǐ jǐ diǎn xià kè

다 카이 띠 얼 스 이에 니엔 이 씨아
打开第二十页，念一下。 20페이지를 펴서 소리내어 읽으세요.
dǎ kāi dì èr shí yè niàn yí xià

타 씨엔 짜이 짜이 날
A **他现在在哪儿?** 그는 지금 어디에 있나요?
tā xiàn zài zài nǎr

타 찌이 샹 크어
B **他在上课。** 그는 수업 중입니다.
tā zài shàng kè

샹 우 니 요우 지 지에 커
A **上午你有几节课?** 오전에 수업이 얼마나 있나요?
shàng wǔ nǐ yǒu jǐ jié kè

샹 우 요우 리앙 지에 와이 위 크어
B **上午有两节外语课。** 오전에는 외국어가 2시간 있습니다.
shàng wǔ yǒu liǎng jié wài yǔ kè

오또 동사 + 在 + 장소표시어의 용법

"~에 있다"의 뜻이며, 동작이 미치는 곳을 나타낸다.

쑤 팡 짜이 쑤 지아 샹
书放在书架上。 책은 책꽂이에 있다.
shū fàng zài shū jià shang

타 쭈오 짜이 이 즈 샹
他坐在椅子上。 그는 의자에 앉아있다.
tā zuò zài yǐ zi shang

10 교실에서 2

추 씨
出席 출석하다
chū xí

카오 뿌 샹
考不上 합격하지 못하다
kǎo bú shàng

취에 씨
缺席 결석하다
quē xí

네이 룽
内容 내용
nèi róng

츠 따오
迟到 지각하다
chí dào

밍 바이
明白 분명하다 (명확하다)
míng bai

디엔 밍
点名 출석을 부르다
diǎn míng

칭 추
清楚 분명하다 (뚜렷하다)
qīng chu

따오
到 예
dào

똥
懂 알다
dǒng

쿠앙 크어
旷课 무단 결석하다
kuàng kè

리 지에
理解 이해하다
lǐ jiě

카오 쓰
考试 시험을 보다
kǎo shì

룽 이
容易 쉽다
róng yì

처 앤
测验 테스트하다
cè yàn

지엔 딴
简单 간단하다
jiǎn dān

카오
考 시험보다
kǎo

용 꽁
用功 열심히 공부하다
yòng gōng

카오 샹
考上 합격하다
kǎo shàng

꽁 크어
功课 학과목, 수업
gōng kè

칭 니 뿌 야오 쿠앙 커
请你不要旷课。　　수업을 빠지지 말아요.
qǐng nǐ bú yào kuàng kè

니 밍 바이 러 마
你明白了**吗?**　　(당신은) 확실히 이해했습니까?
nǐ míng bai le ma

니 칸 더 똥 찌엔 티 쯔 마
A **你看得懂简体字吗?** 당신은 간자체를 읽을 수 있습니까?
nǐ kàn de dǒng jiǎn tǐ zì ma

당 란 워 칸 더 똥
B **当然,我**看得懂。　　당연하죠, 읽을 수 있어요.
dāng rán wǒ kàn de dǒng

워 쑤오 더 쫑 원 니 팅 더 똥 마
A **我说的中文你**听得懂**吗?**
wǒ shuō de zhōng wén nǐ tīng de dǒng ma

내가 말하는 중국어를 알아 듣겠습니까?

워 팅 더 똥
B **我**听得懂。　　알아 들을 수 있습니다.
wǒ tīng de dǒng

동사 + 得 + 형용사의 용법

"得"는 동사나 형용사 뒤에 쓰며, 결과나 정도를 표시하는 보어를 연결시키는 역할을 한다.

니 찐 티엔 라이 더 쩐 짜오
你今天来得真早。 너는 오늘 참 일찍 왔다.
nǐ jīn tiān lái de zhēn zǎo

타 파 위 쑤오 더 하오
他法语说得好。 그는 프랑스어를 잘합니다.
tā fǎ yǔ shuō de hǎo

11 학습도구

- 쭈오 즈
  □ 桌子 탁자
  zhuō zi

- 이 즈
  □ 椅子 의자
  yǐ zi

- 흐이 빤
  □ 黑板 칠판
  hēi bǎn

- 펀 비
  □ 粉笔 분필
  fěn bǐ

- 치엔 비
  □ 铅笔 연필
  qiān bǐ

- 씨앙 피
  □ 橡皮 지우개
  xiàng pí

- 차 띠아오
  □ 擦掉 닦다
  cā diào

- 깡 비
  □ 钢笔 만년필
  gāng bǐ

- 므어 쉐이
  □ 墨水 잉크
  mò shuǐ

- 츠 즈
  □ 尺子 자
  chǐ zi

- 화 씨엔
  □ 划线 선을 긋다
  huà xiàn

- 찌앙 후
  □ 糨糊 풀
  jiàng hu

- 므어
  □ 抹 바르다
  mǒ

- 투 띵
  □ 图钉 압정
  tú dīng

- 안
  □ 按 누르다
  àn

- 지엔 즈
  □ 剪子 가위
  jiǎn zi

- 위엔 쭈 비
  □ 圆珠笔 볼펜
  yuán zhū bǐ

- 비 흐어
  □ 笔盒 필통
  bǐ hé

- 쑤 빠오
  □ 书包 책가방
  shū bāo

- 마오 비
  □ 毛笔 붓
  máo bǐ

칭 따 찌아 칸 흐이 빤
请大家看黑板。
qǐng dà jiā kàn hēi bǎn
모두들 칠판을 보세요.

용 씨앙 피 차 띠아오 추오 즈
用橡皮擦掉错字。
yòng xiàng pí cā diào cuò zi
지우개를 사용하여 틀린 글자를 지우다.

쩌 거 쪼우 모 닌 더 지 화 쓰 션 머
A **这个周末您的计划是什么？**
zhè ge zhōu mò nín de jì huà shì shén me
이번 주말의 계획은 무엇이니?

워 야오 웨이 러 카오 쓰 누 리 쉐 시
B **我要为了考试努力学习。**
wǒ yào wèi le kǎo shì nǔ lì xué xí
시험을 위해 열심히 공부해야 해.

워 커 이 용 니 더 깡 비 마
A **我可以用你的钢笔吗？**
wǒ kě yǐ yòng nǐ de gāng bǐ ma
내가 너 만년필 좀 써도 되겠니?

커 이 용 바
B **可以，用吧。**
kě yǐ yòng ba
네, 쓰세요.

得의 용법

"得[děi]"라고도 읽으며 회화체 속에서 흔히 필요성을 나타내며 "반드시, 마땅히"의 뜻이 있다.

취 똥 우 위엔 데이 환 처
去动物园得换车。 동물원에 가려면 마땅히 차를 갈아 타야 한다.
qù dòng wù yuán děi huàn chē

워 데이 추안 얼 쓰 우 꽁 펀 더 씨에
我得穿二十五公分的鞋。
wǒ děi chuān èr shí wǔ gōng fēn de xié
나는 반드시 25센티미터 신발을 신어야 한다.

※ 부정의 경우에는 "不" 또는 "不用"을 쓴다.

12 학교에 관하여

샹 쉬에
□ 上学 등교하다
shàng xué

비 이에
□ 毕业 졸업하다
bì yè

따 쉬에
□ 大学 대학
dà xué

쉬에 위엔
□ 学院 단과대학
xué yuàn

찌아오 쇼우
□ 教授 교수
jiào shòu

쭈 찌아오 쇼우
□ 助教授 부교수
zhù jiào shòu

샤오 쟝
□ 校长 총장 (대학의)
xiào zhǎng

추 쯍
□ 初中 중학교
chū zhōng

까오 쯍
□ 高中 고등학교
gāo zhōng

니엔 지
□ 年级 학년
nián jí

셩 지
□ 升级 진급하다
shēng jí

리우 지
□ 留级 유급하다
liú jí

카이 쉬에
□ 开学 개학하다
kāi xué

쑤 쓰어
□ 宿舍 기숙사
sù shè

투 쑤 꾸안
□ 图书馆 도서관
tú shū guǎn

팡 찌아
□ 放假 방학
fàng jià

수 찌아
□ 暑假 여름방학
shǔ jià

한 찌아
□ 寒假 겨울방학
hán jià

씨
□ 系 학과, 계열
xì

쭈안 이에
□ 专业 전공
zhuān yè

放**两天**假。
fàng liǎng tiān jià
이틀간 휴가입니다.

外语系设六个专业。
wài yǔ xì shè liù ge zhuān yè
외국어 학과에는 6개의 전공이 설치되어 있습니다.

A 你的学校什么时候**开学**?
nǐ de xué xiào shén me shí hou kāi xué
너의 학교는 언제 개학하니?

B 三月初开学。
sān yuè chū kāi xué
3월초에 개학해.

A 你已经放**暑假**了吗?
nǐ yǐ jīng fàng shǔ jià le ma?
벌써 여름방학이 시작됐나요?

B 已经放了。
yǐ jīng fàng le
시작했어요.

呢의 용법

문장끝에 쓰여 지시의문문, 선택의문문, 반복의문문에 쓰인다. 일정한 위 아래 문장이 있는 상황에서 "명사/대명사 + 呢"는 곧 "어떻습니까?"의 의미이다.

我明天去北京,你呢?
wǒ míng tiān qù běi jīng nǐ ne
나는 내일 북경에 가는데, 당신은요?

我们明天参观学校,后天呢?
wǒ men míng tiān cān guān xué xiào hòu tiān ne
우리는 내일 학교를 참관하는데, 모레는요?

13 집과 건물

쭈
□ 住 살다
zhù

팡 즈
□ 房子 집, 건물
fáng zi

꽁 위
□ 公寓 아파트
gōng yù

쭈 팡
□ 租房 셋집
zū fáng

팡 쭈
□ 房租 집세
fáng zū

팡 똥
□ 房东 집주인
fáng dōng

통 찌엔 로우
□ 统建楼 다가구 주택
tŏng jiàn lóu

딴 위안
□ 单元 동일계단의 집
dān yuán

핑 팡
□ 平房 단층집
píng fáng

로우 팡
□ 楼房 주택 (2층 이상)
lóu fáng

쑤 쓰어
□ 宿舍 기숙사
sù shè

따 로우
□ 大楼 빌딩
dà lóu

따 샤
□ 大厦 빌딩
dà shà

이 로우
□ 一楼 1층
yī lóu

위안 즈
□ 院子 정원
yuàn zi

치앙
□ 墙 담, 울타리
qiáng

까이
□ 盖 (집을) 짓다
gài

씨우 찌엔
□ 修建 건설하다
xiū jiàn

웨이 씨우
□ 维修 수리하다
wéi xiū

차이
□ 拆 (집을) 헐다
chāi

판 까이 로우 팡
翻盖楼房。
fān gài lóu fáng

집을 다시 짓다.

워 더 팡둥 헌 친 치에 이예 헌 쯔 씨
我的房东很亲切,也很仔细。
wǒ de· fáng dōng hěn qīn qiè yě hěn zǐ xì

집주인은 친절하고 꼼꼼하십니다.

나 씨엔 짜이 쭈 짜이 날
A **你现在住在哪儿?**
nǐ xiàn zài zhù zài nǎr

지금 어디에 사십니까?

워 쭈 짜이 베이 찡
B **我住在北京。**
wǒ zhù zài běi jīng

북경에 살고 있습니다.

나 쉬에 씨아오 요우 메이 요우 쑤 쓰어
A **那学校有没有宿舍?**
nà xué xiào yǒu méi yǒu sù shè

그 학교에는 기숙사가 있습니까?

요우 즈웨이 찐 씨우 찌엔 러 쑤워 이 헌 깐 찡
B **有,最近修建了,所以很干净。**
yǒu zuì jìn xiū jiàn le suǒ yǐ hěn gān jìng

있고요. 최근에 건축해서 깨끗합니다.

好의 용법

"好"는 "几"나 "一" 앞에 쓰일때, 수량이 많거나 시간이 길다는 것을 강조한다.

타 쉬에 러 하오 지 니엔 한 위
他学了好几年汉语。 그는 중국어를 여러 해 배웠다.
tā xué le hǎo jǐ nián hàn yǔ

타 하오 이 후얼 메이 요우 쑤오 화
他好一会儿没有说话。 그는 한동안 말이 없었다.
tā hǎo yí huìr méi you shuō huà

14 집안의 여러가지

우 즈 □ 屋子 방 wū zi	먼 □ 门 문 mén
찌엔 □ 间 ~방, 칸 jiān	먼 코우 □ 门口 현관 mén kǒu
팡 찌엔 □ 房间 방 fáng jiān	호우 먼 □ 后门 뒷문 hòu mén
커 팅 □ 客厅 응접실, 거실 kè tīng	추앙 후 □ 窗户 창 chuāng hu
추 팡 □ 厨房 부엌 chú fáng	티엔 화 빤 □ 天花板 천정 tiān huā bǎn
위 쓰 □ 浴室 욕실 yù shì	쪼우 랑 □ 走廊 복도 zǒu láng
처 쑤오 □ 厕所 화장실 cè suǒ	띠 빤 □ 地板 마루 dì bǎn
리앙 타이 □ 凉台 베란다 liáng tái	쁘어 리 □ 玻璃 유리 bō li
위 쓰 □ 卧室 침실 wò shì	치앙 삐 □ 墙壁 벽 qiáng bì
쑤 팡 □ 书房 서재 shū fáng	웨이 치앙 □ 围墙 울타리, 담 wéi qiáng

쩌 쓰 닌 더 팡 찌엔 야오 쓰
这是您的房间钥匙。
zhè shì nín de fáng jiān yào shi

이것이 묵으실 방의 열쇠입니다.

처 쑤오 짜이 날
厕所在哪儿?
cè suǒ zài nǎr?

화장실은 어디입니까?

니 지아 요우 지 찌엔 우 즈
A 你家有几间屋子?
nǐ jiā yǒu jǐ jiān wū zi

너희 집은 방이 몇 개니?

워 지아 요우 리앙 찌엔 우 즈
B 我家有两间屋子。
wǒ jiā yǒu liǎng jiān wū zi

우리 집에는 방이 두 개 있어.

워 씨앙 칸 칸 쩌 워 쓰 커 이 마
A 我想看看这卧室,可以吗?
wǒ xiǎng kàn kan zhè wò shi kě yǐ ma

침실을 보고 싶은데, 괜찮습니까?

커 이 칭 라이 쩌 비엔
B 可以,请来这边。
kě yǐ qǐng lái zhè bian

네, 이쪽으로 오세요.

怎么样의 용법

어구의 제일 뒤에 놓여 상대방의 의견을 물을 때 사용된다.

니 칸 쩌 번 쑤 쩐 머 양
你看这本书怎么样? 당신 보시기에 이 책이 어떻습니까?
nǐ kàn zhè běn shū zěn me yàng

워 먼 밍 티엔 취 티엔 안 먼 쩐 머 양
我们明天去天安门,怎么样?
wǒ men míng tiān qù tiān ān mén zěn me yàng
우리는 내일 천안문에 가는 것이 어떻습니까?

15 실내정리

찌아 쥐
□ 家具 가구
jiā jù

싸 파
□ 沙发 소파
shā fā

이 꾸이
□ 衣柜 옷장
yī guì

추앙
□ 床 침대
chuáng

띠 탄
□ 地毯 카펫, 양탄자
dì tǎn

띠엔 즈
□ 垫子 방석
diàn zi

추앙 리엔
□ 窗帘 커텐
chuāng lián

쑤 찌아
□ 书架 책장
shū jià

팡 쭈오
□ 方桌 탁자 (네모난)
fāng zhuō

판 쭈오
□ 饭桌 식탁
fàn zhuō

푸 이
□ 扶椅 팔걸이 의자
fú yǐ

떵 즈
□ 凳子 걸상
dèng zi

꾸아 쫑
□ 挂钟 괘종시계
guà zhōng

쭈오 쫑
□ 座钟 탁상시계
zuò zhōng

나오 쫑
□ 闹钟 자명종
nào zhōng

다 싸오
□ 打扫 청소 (하다)
dǎ sǎo

쇼우 쓰
□ 收拾 정리하다, 챙기다
shōu shi

깐 찡
□ 干净 깨끗하다
gān jing

쩡 치
□ 整齐 단정하다
zhěng qí

짜 루안
□ 杂乱 어지러져 있다
zá luàn

행 李都收拾好了。

쌍 리 또우 쇼우 쓰 하오 라
行李都收拾好了。
xíng li dōu shōu shi hǎo le

짐은 모두 챙겼습니다.

바 쑤 바이 짜이 쑤 찌아 상
把书摆在书架上。
bǎ shū bǎi zài shū jià shang

책을 책장에 정리하다.

니 더 씬 우 즈 쩐 머 양
A 你的新屋子怎么样?
nǐ de xīn wū zí zěn me yàng

너의 새 집은 어떠니?

우 즈 다 사오 더 헌 간 쌍
B 屋子打扫得很干净。
wū zi dǎ sǎo de hěn gān jìng

집 청소가 매우 깨끗히 되었어요.

쫑 위 따 사오 완 러
A 终于打扫完了。
zhōng yú dǎ sǎo wán le

마침내 청소가 끝났네.

니 쩐 더 씬 쿠 러
B 你真的辛苦了。
nǐ zhēn de xīn kǔ le

너 정말 수고 많았어.

有의 용법

"有"는 "(가지고) 있다-소유, 있다-존재"를 나타낸다. "가지고 있지 않다", "없다"라고 부정 할 때는 "没"를 사용하며, 절대 "不有"라고 하지 말고, "没有"를 반드시 사용해야 한다.

워 요우 띠 디 메이 요우 메이 메이
我有弟弟,没有妹妹。 나는 남동생은 있으나. 여동생은 없다.
wǒ yǒu dì di méi you mèi mei

워 요우 쉬 뚜오 쫑 구어 펑 요우
我有许多中国朋友。 나는 많은 중국 친구가 있다.
wǒ yǒu xǔ duō zhōng guó péng you

16 여러 가지 잡화

쥐
□ 锯 톱
jù

앤 후이 깡
□ 烟灰缸 재떨이
yān huī gāng

추이 즈
□ 锤子 망치
chuí zi

투 짱
□ 图章 도장
tú zhāng

띵 즈
□ 钉子 못
dīng zi

인 니
□ 印泥 인주
yìn ní

쥐엔 츠
□ 卷尺 줄자
juǎn chǐ

쇼우 즈
□ 手纸 휴지
shǒu zhǐ

치 즈
□ 起子 병따개
qǐ zi

이 찌아
□ 衣架 옷걸이
yī jià

루오 쓰
□ 螺丝 나사, 나사못
luó sī

청
□ 称 저울
chèng

루오 쓰 따오
□ 螺丝刀 드라이버
luó sī dāo

하이 미엔
□ 海棉 스폰지
hǎi mián

쑤오
□ 锁 자물쇠
suǒ

마 뿌
□ 抹布 걸레, 행주
mā bù

후오 차이
□ 火柴 성냥
huǒ chái

라 지 씨앙
□ 拉圾箱 쓰레기통
lā jī xiāng

따 후오 지
□ 打火机 라이타
dǎ huǒ jī

빵 망
□ 帮忙 (일손을) 돕다
bāng máng

바 이 푸 꽈 짜이 이 찌아 상
把衣服挂在衣架上。
bǎ yī fu guà zài yī jià shang

옷을 옷걸이에 걸다.

용 치 즈 치 핑 갈
用起子起瓶盖儿。
yòng qǐ zi qǐ píng gàir

병따개로 마개를 따다.

칭 찌에 게이 워 추이 즈
A 请借给我锤子。
qǐng jiè gěi wǒ chuí zi

(저에게) 망치 좀 빌려 주세요.

짜 띵 즈 팅 난 더 워 라이 빵 망 바
B 砸钉子挺难的,我来帮忙吧。
zá dīng zi tǐng nán de wǒ lái bāng máng ba

못을 박는 것은 어려워, 도와 줄게.

라 지 씨앙 만 러
A 垃圾箱满了。
lā jī xiāng mǎn le

쓰레기통이 가득찼네.

하이 따오 라 지 바
B 嗨,倒垃圾吧。
hāi dào lā jī ba

이보게. 좀 버려 주게나.

오또 **是 A 还是 B의 용법**

상대방에게 A, B 둘 중의 상황에 대하여 선택할 것을 요구할 때 사용
된다.

찐 티엔 완 상 쓰 칸 띠엔잉 하이 쓰 칸 씨
今天晚上是看电影还是看戏?
jīn tiān wǎn shàng shì kàn diàn yǐng hái shi kàn xì
오늘 밤 영화를 봅니까. 연극을 봅니까?

니 쓰 추안얼 스 꽁 펀 더 하이쓰 추안얼 쓰 이 꽁 펀 더
你是穿二十公分的还是穿二十一公分的?
nǐ shì chuān èr shí gōng fēn de hái shi chuān èr shí yī gōng fēn de
당신은 20호를 입습니까, 21호를 입습니까?

17 전자제품

띠엔 펑 샨
□ 电风扇 선풍기
diàn fēng shàn

콩 티아오
□ 空调 에어콘 (냉, 온방)
kōng tiáo

뻥 씨앙
□ 冰箱 냉장고
bīng xiāng

창 피엔
□ 唱片 레코드 (음반)
chàng piàn

씨 이 지
□ 洗衣机 세탁기
xǐ yī jī

띠엔 창 지
□ 电唱机 전축
diàn chàng jī

씨 천 치
□ 吸尘器 전기청소기
xī chén qì

띠엔 통
□ 电筒 손전등
diàn tǒng

쇼우 인 지
□ 收音机 라디오
shōu yīn jī

띠엔 츠
□ 电池 건전지
diàn chí

띠엔 쓰 지
□ 电视机 텔레비전
diàn shì jī

띠엔 떵
□ 电灯 전등
diàn dēng

루 인 지
□ 录音机 녹음기
lù yīn jī

떵 파오
□ 灯泡 전구
dēng pào

루 씨앙 지
□ 录像机 비디오
lù xiàng jī

떵 짜오
□ 灯罩 전등갓
dēng zhào

쑤 마 씨앙 지
□ 数码相机 워커맨
shù mǎ xiàng jī

카이 꾸안
□ 开关 스위치
kāi guān

추이 펑 지
□ 吹风机 헤어드라이어
chuī fēng jī

차 쭈오
□ 插座 콘센트
chā zuò

워 씨앙 용 추이펑 지 추이 깐 토우 파
我想用吹风机吹干头发。
wǒ xiǎng yòng chuī fēng jī chuī gān tóu fà

나는 드라이기로 머리를 말리려고 합니다.

쯔 쓰 띠엔 위엔 차 쭈오 나 쓰 띠엔 링
这是电源插座那是电铃。
이것이 콘센트이고 저것이 벨입니다.
zhè shì diàn yuán chā zuò nà shì diàn líng

니 찌아 요우 메이 요우 루 씨앙 지
A 你家有没有录像机?
너희 집에는 비디오가 있니?
nǐ jiā yǒu méi yǒu lù xiàng jī

요우 워 페이 창 씨 환 칸 띠엔 잉
B 有,我非常喜欢看电影。
yǒu wǒ fēi cháng xǐ huan kàn diàn yǐng

있어. 나는 영화보는 것을 정말 좋아해.

니 쉬 야오 션 머 찌아 띠엔
A 你需要什么家电?
너는 어떤 가전제품이 필요하니?
nǐ xū yào shén me jiā diàn

루 씨앙 지 띠엔 쓰 지 콩 티아오 씨 이 지 션 머 더
B 录像机,电视机,空调,洗衣机什么的。
lù xiàng jī diàn shì jī kōng tiáo xǐ yī jī shén me de
비디오, TV, 에어콘, 세탁기 등등.

没关系의 용법

상대방이 사과, 염려, 애석함을 나타낼 때 흔히 "没关系"로 대답하여 상대방을 편하게 해주며 "不要紧", "不用心"의 뜻을 갖는다.

뚜이 부 치 다 라오 니 러
对不起,打扰你了。 미안합니다. 귀찮게 했습니다.
duì bu qǐ dǎ rǎo nǐ le

메이 꽌 씨
没关系。 괜찮습니다.
méi guān xi

18 애완동물과 정원

꺼우
□ 狗 개
gǒu

마오
□ 猫 고양이
māo

라오 수
□ 老鼠 쥐
lǎo shǔ

샤오 니아오
□ 小鸟 작은 새
xiǎo niǎo

씨옹 마오
□ 熊猫 팬더곰
xióng māo

똥 우
□ 动物 동물
dòng wù

웨이
□ 喂 기르다 (먹이를 주다)
wèi

성 고우
□ 牲口 가축
shēng kǒu

쓰 양
□ 饲养 사육하다
sì yǎng

쯔 우
□ 植物 식물
zhí wù

쯔
□ 枝 가지
zhī

이에
□ 叶 잎
yè

쫑 즈
□ 种子 씨, 종자
zhǒng zi

카이 화
□ 开花 꽃이 피다
kāi huā

쑤 무
□ 树木 수목, 나무
shù mù

쫑 즈
□ 种植 심다
zhòng zhí

뽀어
□ 播 파종하다
bō

타오 쑤
□ 桃树 복숭아나무
táo shù

타오 즈
□ 桃子 복숭아
táo zi

차오
□ 草 풀
cǎo

짜이 똥 우 위에리 쓰 양 저 뚜오 쫑 똥 우
在动物园里,饲养着多种动物。
zài dòng wù yuán li　sì yǎng zhe duō zhǒng dòng wù

동물원에는 여러가지 동물이 사육되고 있다.

잉 화 씨에 러
樱花谢了。
yīng huā xiè le

벚꽃이 떨어졌다.

니 씨 환 션 머 똥 우
A 你喜欢什么动物?
nǐ xǐ huan shén me dòng wù?

당신은 어떤 동물을 좋아합니까?

워 씨 환 마오
B 我喜欢猫。
wó xǐ huan māo.

고양이를 좋아합니다.

니 찌아 화 위에리 더 화 쫑 레이 쩐 뚜오
A 你家花园里的花种类真多。
nǐ jiā huā yuán li de huā zhǒng lèi zhēn duō

너의 집 화원에는 다양한 꽃이 있구나.

당 저 씨에 화 또우 셩 카이 더 쓰 호우 지우 껑 피아오 리앙 러
B 当这些花都盛开的时候就更漂亮了。
dāng zhè xiē huā dōu shèng kāi de shí hou jiù gèng piào liang le

이 꽃들이 모두 필 때는 정말 예뻐

说不上의 용법

말하는 사람이 상황에 대하여 충분히 이해하고 있지 않아 상대방에게
확실한 대답을 할 수 없음을 나타낸다.

워 쑤오 부 샹 타 지 띠엔 쭝 넝 라이
我说不上他几点钟能来。
wǒ shuō bú shàng tā jǐ diǎn zhōng néng lái
나는 그가 몇 시에 올 수 있을지 확실히 모르겠다.

쩌 커 쑤오 부 샹
这可说不上。 이거 뭐라고 말씀 드리기 어렵군요.
zhè kě shuō bú shàng

19 여러 가지 직업

□ 教师 교사
찌아오 쓰
jiào shī

□ 秘书 비서
미 쑤
mì shū

□ 衣民 농민
농 민
nóng mín

□ 司机 운전기사
스 지
sī jī

□ 公司职员 회사원
꽁 쓰 쯔 위엔
gōng sī zhí yuán

□ 空姐 스튜어디스
콩 지에
kōng jiě

□ 个休户 자영업자
꺼 티 후
gè tǐ hù

□ 银行职员 은행원
인 항 즈 위엔
yín háng zhí yuán

□ 技术人员 기술자
찌 쑤 런 위엔
jì shù rén yuán

□ 会计 회계원
콰이 지
kuài jì

□ 研究人员 연구원
앤 찌우 런 위엔
yán jiū rén yuán

□ 负责人 책임자
푸 저 런
fù zé rén

□ 工程师 엔지니어
꽁 청 쓰
gōng chéng shī

□ 经理 사장, 지배인
찡 리
jīng lǐ

□ 厨师 요리사
추 쓰
chú shī

□ 总经理 사장, 총지배인
종 찡 리
zǒng jīng lǐ

□ 专家 전문가
쭈안 찌아
zhuān jiā

□ 董事 이사
똥 쓰
dǒng shì

□ 律师 변호사
뤼 쓰
lǜ shī

□ 双职工 맞벌이 부부
쓰앙 즈 꽁
shuāng zhí gōng

꾸이 꽁 쓰 요우두오 샤오 밍 즈 위엔
贵公司有多少名职员?
gui gōng sī yǒu duō shao míng zhí yuán

귀사의 직원 수는 몇 명입니까?

타 쓰 저 팡 미엔 더 쭈안 찌아
她是这方面的专家。
tā shì zhè fāng miàn de zhuān jiā

그녀는 이 방면의 전문가다.

니 찌앙 라이 씨앙 쭈오 선 머 쓰얼
A 你将来想做什么事儿?
nǐ jiāng lái xiǎng zuò shén me shìr

너는 앞으로 무슨 일을 할 생각이니?

워 찌앙 라이 샹 땅 뤼 쓰
B 我将来想当律师。
wǒ jiāng lái xiǎng dāng lù shī

나는 장차 변호사가 될 생각이야.

타 더 푸 친 더 즈 웨이 쓰 션 머
A 他的父亲的职位是什么?
tā de fù qīn de zhí wèi shì shén me

그의 아버지의 직위는 무엇이니?

타 쓰 쭝 찡 리
B 他是总经理。
tā shì zǒng jīng lǐ

그의 아버지는 사장이야.

跟의 용법

"~와 함께"의 뜻이며, 공동으로 어떤 일을 하는 것을 나타내며, "~와,
~에"의 의미로 지시나 동작의 대상을 나타내기도 한다.

워 껀 타 이 치 취
我跟他一起去。나는 그와 같이 간다
wǒ gēn tā yì qǐ qù

니 요우 쓰 야오 껀 따 찌아 샹 리앙
你有事要跟大家商量。너는 일이 있으면 모두다 같이 상의해라.
nǐ yǒu shì yào gēn dà jiā shāng liang

20 직장 용어

지 꾸안
- [ ] 机关 관청, 기관
jī guān

뿌 먼
- [ ] 部门 부문
bù mén

딴 웨이
- [ ] 单位 단위 (기관)
dān wèi

꽁 쓰
- [ ] 公司 회사
gōng sī

치 예
- [ ] 企业 기업
qǐ yè

빤 꽁 쓰
- [ ] 办公室 사무실
bàn gōng shì

쇼우 씨아 런 위엔
- [ ] 手下人员 고용인
shǒu xià rén yuán

꽁 쯔
- [ ] 工资 임금, 급료
gōng zī

찌앙 찐
- [ ] 奖金 상여금
jiǎng jīn

똥 쓰
- [ ] 同事 동료
tóng shì

치엔 뻬이
- [ ] 前辈 선배
qián bèi

호우 뻬이
- [ ] 后辈 후배
hòu bèi

샹 빤
- [ ] 上班 출근하다
shàng bān

씨아 빤
- [ ] 下班 퇴근하다
xià bān

룬 빤
- [ ] 轮班 교대근무를 하다
lún bān

찌아 빤
- [ ] 加班 잔업하다
jiā bān

투이 씨우
- [ ] 退休 퇴직하다
tuì xiū

펀 페이
- [ ] 分配 배속하다
fēn pèi

꾸안 리
- [ ] 管理 관리하다
guǎn lǐ

지에 쑤
- [ ] 结束 끝나다, 마치다
jié shù

쭝 구어 더 따이 비아오 꽁 쓰 요우 나 씨에 치 이에
中国的代表公司有哪些企业？
zhōng guó de dài biǎo gōng sī yǒu nǎ xiē qǐ yè
중국의 대표적 회사에는 어떤 기업이 있습니까?

워 뻬이·펀 페이 따오 띠 이 처 찌엔
我被分配到第一车间。
wǒ bèi fēn pèi dào dì yī chē jiān
나는 제1부서로 배속되었다.

니 짜이 선 머 딴 웨이
A 你在什么单位？
nǐ zài shén me dān wèi
너는 어떤 회사에서 일을 하니?

워 짜이 추 반 쓰어 꿍 쭈오
B 我在出版社工作。
wǒ zài chū bǎn shè gōng zuò
출판사에서 일합니다.

워 먼 더 꿍 쭈오 또우 지에 쑤 러 씨엔 츠 판 바
A 我们的工作都结束了,先吃饭吧。
wǒ men de gōng zuò dōu jié shù le xiān chī fàn ba
일이 모두 끝났습니다. 먼저 밥부터 먹죠.

워 먼 씨엔 취 빤 꿍 쓰 쭈오 빠오 까오 란 호우 취 츠 판
B 我们先去办公室做报告,然后去吃饭。
wǒ men xiān qù bàn gōng shì zuò bào gào rán hòu qù chī fàn
우리는 먼저 사무실에 가서 보고를 하고, 이후에 밥 먹으러 갑시다.

这样吧의 용법

문장 서두에 놓여 생각한 후에 내리는 건의, 선택, 결정을 나타낸다. 어기가 비교적 완곡하다.

쩌 양 바 니 호우 티엔 상 우 라이 취
这样吧,你后天上午来取。
zhè yàng ba nǐ hòu tiān shàng wǔ lái qǔ
좋습니다. 모레 오전에 가지러 오세요.

쩌 양 바 니 씨엔 취 워 지우 취
这样吧,你先去,我就去。
zhè yàng ba nǐ xiān qù wǒ jiù qù
이렇게 하죠. 먼저 가시고 나서 제가 곧 갈게요.

21 회의 열기 1

카이 후이
□ 开会 개회하다
kāi huì

팡 안
□ 方案 방안
fāng àn

티 추
□ 提出 제출하다
tí chū

지 화
□ 计划 계획
jì huà

이 찌엔
□ 意见 의견, 이의
yì jiàn

티 무
□ 题目 제목
tí mù

비아오 쓰
□ 表示 표시
biǎo shì

타오 룬
□ 讨论 토론하다
tǎo lùn

쑤오 밍
□ 说明 설명(하다)
shuō míng

얜 찌우
□ 研究 연구하다
yán jiū

파 비아오
□ 发表 발표(하다)
fā biǎo

피 핑
□ 批评 비평하다
pī píng

바오 츠
□ 保持 유지하다
bǎo chí

천 찌우
□ 陈旧 낡은, 오래된
chén jiù

씨앙 파
□ 想法 의견, 생각
xiǎng fǎ

카이 완 샤오
□ 开玩笑 농담하다
kāi wán xiào

찡 션
□ 精神 정신, 사상
jīng shén

요우 므어
□ 幽默 유머
yōu mò

빠오 까오
□ 报告 보고하다
bào gào

만 이
□ 满意 만족하다
mǎn yì

지 띠엔 카이 후이
几点开会?　　회의는 몇 시에 시작됩니까?
jǐ diǎn kāi huì

워 커 이 티 추 지 거 원 티 마
我可以提出几个问题吗?
wǒ kě yǐ tí chū jǐ ge wèn tí ma

몇 가지 문제를 질문해도 되겠습니까?

뚜이 위 나 거 원 티 니 요우 선 머 양 더 이 찌엔
A **对于那个问题,你有什么样的意见?**
duì yú nà ge wèn tí nǐ yǒu shén me yàng de yì jiàn

그 문제에 대하여, 당신의 의견은 어떻습니까?

워 메이 요우 비에 더 이 찌엔
B **我没有别的意见。** 다른 의견은 없습니다.
wǒ méi you bié de yì jiàn

찐 티엔 더 후이 이 주 티 쓰 선 머
A **今天的会议主题是什么?**
jīn tiān de huì yì zhǔ tí shì shén me

오늘 회의의 제목은 무엇입니까?

쩌 츠 샹 쓰 더 찬 핀 광 까오 더 지 화
B **这次上市的产品广告的计划。**
zhè cì shàng shì de chǎn pǐn guǎng gào de jì huà

이번 출시 제품의 광고 계획입니다.

오뜌 동사 + 成 + 목적어의 용법

"~로 변하다, ~이 되다"의 뜻으로 뒤에 반드시 목적어를 대동한다.
일반적으로 "得", "不"를 넣을 수 없다.

타 더 찡 리 커 이 씨에 청 이 뿌 샤오 쑤오
他的经历可以写成一部小说。
tā de jīng lì kě yǐ xiě chéng yí bù xiǎo shuō
그의 경력은 소설책 한 권으로 쓰여질 수 있다.

쩌 찌엔 쓰 짜오 청 러 헌 뿌 하오 더 잉 씨양
这件事造成了很不好的影响。
zhè jiàn shì zào chéng le hěn bù hǎo de yǐng xiǎng
이 일은 아주 나쁜 영향을 조성했다.

22 회의 열기 2

판 뚜이
□ 反对 반대하다
fǎn duì

통 이
□ 同意 동의하다
tóng yì

런 웨이
□ 认为 생각하다
rèn wéi

야오 치우
□ 要求 요구하다
yāo qiú

씨우 가이
□ 修改 바뀌다
xiū gǎi

랴오 지에
□ 了解 이해하다
liǎo jiě

쫑 야오
□ 重要 중요하다
zhòng yào

쯔 츠
□ 支持 지지하다
zhī chí

쥐에 띵
□ 决定 결정하다
jué dìng

피 준
□ 批准 승인하다
pī zhǔn

팅 쑤오
□ 听说 듣자니 ~라고 한다
tīng shuō

쥐 쑤오
□ 据说 말하는 바에 의하면
jù shuō

씨앙 씬
□ 相信 믿다
xiāng xìn

헌 난 쑤오
□ 很难说 단언할 수 없다
hěn nán shuō

쑤안 러
□ 算了 됐다, 그만두자
suàn le

완 러
□ 完了 끝났다
wán le

부 추오
□ 不错 맞다, 틀림없다
bú cuò

찌우 쓰
□ 就是 그래 맞다
jiù shi

커 부 쓰 마
□ 可不是吗? 누가 아니래요 (동의)
kě bú shì ma

주 씨
□ 主席 의장, 주석
zhǔ xí

워 런 웨이 타 더 이 찌엔 쓰 쭈이 쩡 취에 더

我认为他的意见是最正确的。

wǒ rèn wéi tā de yì jiàn shì zuì zhèng què de

나는 그의 의견이 가장 옳다고 생각한다.

닌 커 이 리 지에 마

您可以理解吗?

nín kě yǐ lǐ jiě ma

당신 이해 할 수 있겠습니까?

팅 수오 니 따 쑤안 빤 찌아 쓰 마

听说,你打算搬家,是吗?

tīng shuō nǐ dǎ suan bān jiā shì ma

듣건데, 당신이 이사 간다던데, 사실입니까?

워 씨앙 씬 니 부 후어 바 미 미 슈어 추 취

A 我相信你不会把秘密说出去。

wǒ xiāng xìn nǐ bú huì bǎ mì mì shuō chū qù

나는 당신이 비밀을 말하지 않을 것이라고 믿습니다.

워 쓰 쭈이 바 진 더 런

B 我是嘴巴紧的人。

나는 입이 무거운 사람입니다.

wǒ shì zuǐ ba jǐn de rén

또 能의 용법

상대방에게 허가, 허락을 요구 할 때 사용한다.

쩔 넝 짜오 씨앙 마

这儿能照相吗? 여기서 사진 찍을 수 있습니까?

zhèr néng zhào xiàng ma

워 넝 찐 라이 마

我能近来吗? 제가 들어 가도 되겠습니까?

wǒ néng jìn lái ma

23 병원에서

이 위엔
□ **医院** 의원, 병원
yī yuàn

쭈 위엔
□ **住院** 입원하다
zhù yuàn

추 위엔
□ **出院** 퇴원하다
chū yuàn

따 쩐
□ **打针** 주사를 놓다
dǎ zhēn

츠 야오
□ **吃药** 약을 먹다
chī yào

칸 뼁
□ **看病** 진찰하다
kàn bìng

이 성
□ **医生** 의사
yī shēng

후 쓰
□ **护士** 간호사
hù shì

쫑 이
□ **中医** 한방의(사)
zhōng yī

쫑 야오
□ **中药** 한방약
zhōng yào

먼 쩐
□ **门诊** 외래진료
mén zhěn

꽈 하오
□ **挂号** 신청하다
guà hào

삥 팡
□ **病房** 병실
bìng fáng

야오 팡
□ **药房** 약국
yào fáng

삥 리
□ **病历** 병력
bìng lì

삥 런
□ **病人** 환자
bìng rén

마이 뿌어
□ **脉膊** 맥박
mài bó

리앙
□ **量** (혈압 등을) 재다
liáng

하오 마이
□ **号脉** 진맥하다
hào mài

똥 쇼우 쑤
□ **动手术** 수술을 하다
dòng shǒu shù

医院在哪儿?　병원이 어디입니까?
이 위엔 짜이　날
yī yuàn zài　nǎr

我在几号诊室看病?　저는 몇 호 진찰실에서 진찰을 받습니까?
워 짜이 지 하오 쩐 쓰 칸 삥
wǒ zài　jǐ　hào zhěn shì　kàn bìng

A 看来你得住院检查。
칸 라이 니 데이 쭈 위엔 찌엔 차
kàn lái,　nǐ　děi　zhù yuàn jiǎn chá
보아하니, 입원하셔서 검사해야 할 것 같습니다.

B 我的病严重吗?
워 더 빙 엔 쫑 마
wǒ de　bìng yán zhòng ma
제 병이 심하나요?

A 同志,我要挂号。
퉁 쯔　워 야오 꽈 하오
tóng zhì　wǒ yào guà hào
여보세요, 접수를 하려고 합니다.

B 请给我医疗保险证。
칭 게이 워 이 리아오 바오 씨엔 쩡
qǐng gěi wǒ　yī liáo bǎo xiǎn zhèng
의료보험증을 주세요.

오또 左右의 용법

"쯤, 가량, 안팎"의 뜻이며, 수량사 뒤에 쓰여 대략의 숫자를 나타낸다.

他在中国住了五年左右。그는 중국에서 5년쯤 살았습니다.
타 짜이 쫑 구어 쭈 러 우 니엔 주오 요우
tā zài　zhōng guó zhù le　wǔ nián zuǒ yòu

我等了两个小时左右。나는 두 시간쯤 기다렸습니다.
워 덩 러 리앙 거 샤오 쓰 주오 요우
wǒ děng le liǎng ge xiǎo shí zuǒ yòu

24 병의 증상

더 삥
□ 得病 병에 걸리다
dé bìng

으어 씬
□ 恶心 메스껍다
ě xin

깐 마오
□ 感冒 감기에 걸리다
yǔn mào

오우 투
□ 呕吐 토하다
ǒu tù

파 샤오
□ 发烧 열이 나다
fā shāo

푸 씨에
□ 服泻 설사하다
fù xiè

윈 쉬앤
□ 晕眩 현기증이 나다
yūn xuàn

쫑 두
□ 中毒 중독되다
zhòng dú

텅
□ 疼 아프다
téng

파 앤
□ 发炎 염증을 일으키다
fā yán

파 양
□ 发痒 근질근질하다
fā yǎng

쇼우 샹
□ 受伤 상처를 입다
shòu shāng

커 쓰우
□ 咳嗽 기침하다
ké sou

씨우 씨
□ 休息 휴식(하다)
xiū xi

코우 짜오
□ 口罩 마스크
kǒu zhào

삥 따이
□ 绷带 붕대
bēng dài

토우 텅
□ 头疼 두통이 나다
tóu téng

쟝 찌에 즈
□ 长疥子 종기가 나다
zhǎng jiē zi

피 쥐엔
□ 疲倦 피로하다
pí juàn

바오 쫑
□ 保重 (건강에) 유의하다
bǎo zhòng

大夫, 我**得**的是什么病? 의사선생님, 제가 무슨 병에 걸렸습니까?
dài fu wǒ dé de shì shén me bìng

我想早点儿**休息**。 (나는) 일찍 쉬려고 합니다.
wǒ xiǎng zǎo diǎnr xiū xi

A 我好像是**感冒**了。 나는 아무래도 감기에 걸린 것 같다.
wǒ hǎo xiàng shì gǎn mào le

B 多喝点儿水, 好好儿休息。 물을 많이 마시고, 푹 쉬어.
duō hē diǎnr shuǐ hǎo hāor xiū xi

A 我**头疼**发烧吃不下东西。
wǒ tóu téng fā shāo chī bú xià dōng xi
머리가 아프고 열이 나서 음식을 못 먹겠습니다.

B 你应该去医院。 병원에 가야 해.
nǐ yīng gāi qù yī yuàn

才의 용법

어떤 특정한 조건하에서 생긴 결과를 나타낸다. "才" 앞의 말이 조건을 나타내고 뒤에 오는 말이 생긴 결과를 나타낸다.

我给他讲了三编, 他才懂了。
wǒ gěi tā jiǎng le sān biān tā cái dǒng le
내가 그에게 세 번 설명해서야, 그제서야 그는 이해하였다.

어떤 결과를 이미 예상하였거나, 아직 그런 결과의 조건을 모를 경우 "才"의 앞에 의문의 단어를 첨가하여 질문한다.

这本书什么时候才能出版? 이 책은 언제쯤 출판될까요?
zhè běn shū shén me shí hou cái néng chū bǎn

25 건강한 신체 1

쓰어 토우 □ 舌头 혀 shé tou	한 레이 □ 含泪 눈물을 머금다 hán lèi
투 쓰어 토우 □ 吐舌头 혀를 내밀다 tǔ shé tou	한 □ 汗 땀 hàn
야 츠 □ 牙齿 이빨, 치아 yá chǐ	추 하 □ 出汗 땀이 나다 chū hàn
야오 야 □ 咬牙 이를 갈다 yǎo yá	투오 므어 □ 唾沫 침, 타액 tuò mo
후 즈 □ 胡子 수염 hú zi	얜 투오 므어 □ 咽唾沫 침을 삼키다 yàn tuò mo
리우 후 즈 □ 留胡子 수염을 기르다 liú hú zi	쌍 즈 □ 嗓子 목 (구멍) sǎng zi
펀 츠 □ 粉刺 여드름 fěn cì	야 □ 哑 (목이) 쉬다 yǎ
허이 쯔 □ 黑痔 사마귀 hēi zhì	니아오 □ 尿 오줌, 소변 niào
얜 레이 □ 眼泪 눈물 yǎn lèi	삐에 니아오 □ 憋尿 오줌을 참다 biē niào
리우 레이 □ 流泪 눈물을 흘리다 liú lèi	팡 피 □ 放屁 방귀를 뀌다 fàng pì

징 바 쓰어토우 션 추 라이 게이 워 간 칸
请把舌头伸出来给我看看。 혀를 내밀어 보여 주세요.
qǐng bǎ shé tou shēn chū lái gěi wǒ kàn kan

타 츠 완 러 판 지우 수아 야
他吃完了饭就刷呀。 그는 밥을 먹은 후에 곧 이를 닦는다.
tā chī wán le fàn jiù shuā yá

워 깐 마오 러 수어이 상 즈 요우 디알 텅
A 我感冒了，所以嗓子有点儿疼。
wǒ gǎn mào le suǒ yǐ sǎng zi yǒu diǎnr téng
나는 감기가 걸려서, 목이 좀 아프다.

꽈이 부 더 니 셩 인 흐어 핑 쓰 뿌 이 양
B 怪不得，你声音和平时不一样。
guài bu de nǐ shēng yīn hé píng shí bù yí yàng
어쩐지, 네 목소리가 평소와 다르더라.

씨아 티엔 더 쓰 호우 워 징 창 추 한 러
A 夏天的时候，我经常出汗了。
xià tiān de shí hou wǒ jīng cháng chū hàn le
여름이면 나는 항상 땀을 흘려.

워 이에 쩌 양 수어이 워 헌 타오 앤 씨아 티엔
B 我也这样。所以我很讨厌夏天。
wǒ yě zhè yàng suǒ yǐ wǒ hěn tǎo yàn xià tiān
나도 그래. 그래서 나는 여름을 싫어해.

오또 的의 생략

"的"는 "~의 (것)"의 의미로 소유를 나타내며, "我(他)的" "你们的"와 같은 인칭대명사 뒤에 오는 것이 친구, 직무, 직장 등을 나타내는 말일 때 "的"를 생략 할 수 있다.

쩌 쓰 워 (더) 마 마
这是我(的)妈妈。 이분이 저의 어머니입니다.
zhè shì wǒ (de) mā ma

쩌 쓰 워 먼 (더) 똥 쓰 장
这是我们(的)董事长。 이분이 저희 회장님이십니다.
zhè shì wǒ men (de) dǒng shì zhǎng

26 건강한 신체 2

션 차이
- 身材 체격, 몸매
shēn cái

피 푸
- 皮肤 피부
pí fū

찌엔 캉
- 健康 건강
jiàn kāng

꾸 토우
- 骨头 뼈
gǔ tóu

찌에 스
- 结实 튼튼하다
jiē shi

지 꾸
- 脊骨 등뼈, 척추골
jǐ gǔ

꺼 즈
- 个子 키
gè zi

리우 쉬에
- 流血 피가 흐르다
liú xuè

까오 꺼 즈
- 高个子 (키가) 크다
gāo gè zi

똥 나오 찐
- 动脑筋 머리를 쓰다
dòng nǎo jīn

아이
- 矮 (키가) 작다
ǎi

찌 로우
- 肌肉 근육
jī ròu

팡
- 胖 뚱뚱하다
pàng

리엔
- 脸 얼굴
liǎn

쇼우
- 瘦 마르다
shòu

리엔 써
- 脸色 안색
liǎn sè

먀오 티아오
- 苗条 날씬하다
miáo tiao

창 바이
- 苍白 (얼굴이) 창백하다
cāng bái

션 티
- 身体 몸, 신체
shēn tǐ

지엔 페이
- 减肥 다이어트하다
jiǎn féi

쉐이 더 꺼 즈 까오 너
谁的个子高呢?
shuí de gè zi gāo ne

누구의 키가 크지요?

타 쥐에 더 쯔 지 헌 먀오 티아오
她觉得自己很苗条。
tā jué de zì jǐ hěn miáo tiao

그녀는 스스로 날씬하다고 여긴다.

니 리엔 써 창 바이 요우 션 머 쓰얼 마
A 你脸色苍白,有什么事儿吗?
nǐ liǎn sè cāng bái yǒu shén me shìr ma

안색이 창백해. 무슨 일이 있니?

쭈이 진 워 요우 헌 뚜어 쓰 레이 쓰 러
B 最近我有很多事,累死了。
zuì jìn wǒ yǒu hěn duō shì lèi sǐ le

요즘 일이 너무 많아. 피곤해 죽겠어.

쭈이 찐 워 요우 팡 러 쩐 타오 옌
A 最近我又胖了真讨厌。
zuì jìn wǒ yòu pàng le zhēn tǎo yàn

근래에 다시 살이 쪄서 짜증나.

워 쥐에 더 니 삐 쉬 지엔 페이
B 我觉得你必须减肥。
wǒ jué de nǐ bì xū jiǎn féi

나는 네가 반드시 체중조절을 해야 한다고 생각해.

在 A 方面의 용법

A라는 범위를 표시하며 "在~上"을 대신 할 수 있다.

짜이 쩌 팡 미엔 타 쓰 쭈안 찌아
在这方面他是专家。 이 방면에 있어서 그는 전문가이다.
zài zhè fāng miàn tā shì zhuān jiā

짜이 쉬에 씨 팡 미엔 니 야오 뚜오 빵 쭈 타
在学习方面,你要多帮助他。
zài xué xí fāng miàn nǐ yào duō bāng zhù tā
학습면에 있어서 너는 그를 더 도와 주어야 한다.

27 여러 가지 패션

치 파오
□ 旗袍 치파오 (차이나 드레스)
qí páo

리앙 씨에
□ 凉鞋 샌들
liáng xié

쭝 싼 푸
□ 中山服 중산복, 인민복
zhōng chān fú

창 통 와 즈
□ 长筒袜子 스타킹
cháng tǒng wà zi

창 이
□ 长衣 긴 상의
cháng yī

루 짜오
□ 乳罩 브래지어
rǔ zhào

미엔 아오
□ 绵袄 솜저고리
mián ǎo

찐 쎤 쿠
□ 紧身裤 코르셋
jǐn shēn kù

니우 짜이 쿠
□ 牛仔裤 청바지
niú zǎi kù

후아 양
□ 花样 디자인
huā yàng

미 니 췬
□ 迷你裙 미니스커트
mǐ nǐ qún

쓰 양
□ 式样 양식, 스타일
shì yàng

찌아 커
□ 夹克 재킷
jiā kè

쓰 마오
□ 时髦 유행
shí máo

위 이
□ 雨衣 비옷
yǔ yī

화 샤오
□ 花哨 화려하다
huā shao

싼 띠엔 쓰
□ 三点式 비키니 수영복
sān diǎn shì

쑤 찡
□ 素净 수수하다
sù jing

뿌 씨에
□ 布鞋 천신발
bù xie

라오 치
□ 老气 촌스럽다
lǎo qì

타 추안 더 치 파오 헌 피아오 리앙
她穿的旗袍很漂亮。
tā chuān de qí páo hěn piào liang

그녀의 차이나 드레스 입은 모습은 매우 아름답다.

퉁 쯔　　날　마이 뿌 씨에
同志,哪儿卖布鞋?
tóng zhì　　nǎr　mài bù xié

실례합니다만, 어디서 헝겊신을 팔죠?

워 씨앙 띵 주오 이 지엔 치 파오
A 我想订做一件旗袍。
wǒ xiǎng dǐng zuò yí jiàn qí páo

차이나 드레스를 한 벌 맞추고 싶습니다.

시엔 리앙 이 씨아 츠 춘
B 先量一下尺寸。
xiān liáng yí xià chǐ cùn

그럼 먼저 사이즈를 재어 봅시다.

칭 게이 워 나 나 찌아 커 칸 칸
A 请给我拿那夹克看看。
qǐng gěi wǒ ná nà jiā kè kàn kan

재킷 좀 보여 주십시오.

덩 이 씨아 워 게이 니 나
B 等一下,我给你拿。
děng yí xià wǒ gěi nǐ ná

잠깐만요, 갖다 드리겠어요.

동사/형용사 + 什么의 용법

동의나 찬성을 안하거나 불필요하다는 것을 나타낸다.

칸 라이 니 션 티 헌 하오 아
看来你身体很好啊。몸이 아주 건강해 보이는군요.
kàn lái nǐ shēn tǐ hěn hǎo a

하오 션 머 창 창 셩 삥
好什么,常常生病。좋긴요, 늘 병이 나는걸요.
hǎo shén me cháng cháng shēng bìng

따 빤
□ 打扮 치장하다
dǎ bàn

칭 지에
□ 清洁 청결하다
qīng jié

리 파
□ 理发 이발하다
lǐ fà

탕 파
□ 烫发 파마하다
tàng fà

쑤 즈
□ 梳子 빗
shū zi

쑤 토우
□ 梳头 머리를 빗다
shū tóu

꾸아 후 즈
□ 刮胡子 수염을 깎다
guā hú zi

빠오 씨엔 따오
□ 保险刀 면도칼
bǎo xiǎn dāo

찡 즈
□ 镜子 거울
jìng zi

짜오
□ 照 비추다
zhào

마오 찐
□ 毛巾 수건
máo jīn

리엔 펀
□ 脸盆 세수대야
liǎn pén

씨앙 짜오
□ 香皂 세수비누
xiāng zào

쑤아 야
□ 刷牙 이를 닦다
shuā yá

야 쑤아
□ 牙刷 칫솔
yá shuā

야 까오
□ 牙膏 치약
yá gāo

화 쭈앙
□ 化妆 화장하다
huà zhuāng

쑤 코우
□ 漱口 입을 가시다
shù kǒu

코우 훙
□ 口红 립스틱, 루주
kǒu hóng

차
□ 擦 칠하다, 바르다 (닦다)
cā

용 마오 찐 차
用毛巾擦。
yòng máo jīn cā

수건으로 닦다.

쑤아 야 쑤 코우 시 리엔
刷牙漱口洗脸。
shuā yá shù kǒu xǐ liǎn

이를 닦고 입을 가시고 세수하다.

니 야오 리 파 마
A **你要理发吗？**
nǐ yào lǐ fà ma

이발 하시렵니까?

부 쓰 워 야오 꾸아 후 즈
B **不是，我要刮胡子。**
bú shì wǒ yào guā hú zi

아니요. 면도하려고요.

칭 띠 게이 워 이 미엔 찡 즈
A **请递给我一面镜子。**
qǐng dì gěi wǒ yí miàn jìng zi

저에게 거울을 좀 보여 주세요.

하오 더 쩌 츠 니 탕 더 토우 파 팅 피아오 리앙
B **好的，这次你烫的头发挺漂亮。**
hǎo de zhè cì nǐ tàng de tóu fa tǐng piào liang

네, 이번 파마스타일 정말 멋집니다.

오또 跟의 용법

"～로 부터, 에게서"의 뜻으로 동작과 관계있는 상대방을 이끌어 낸다.

쩌 번 츠 디엔 니 쓰 껀 쉐이 찌에 더
这本词典你是跟谁借的？ 너는 이 사전 누구에게 빌렸니?
zhè běn cí diǎn nǐ shì gēn shuí jiè de

워 껀 펑 요우 찌에 러 이 번 쯔 디엔
我跟朋友借了一本字典。 나는 친구에게 자전 1권을 빌렸다.
wǒ gēn péng you jiè le yì běn zì diǎn

29 옷 입기

이 푸
□ 衣服 옷, 의상
yī fu

따 샤오
□ 大小 크기
dà xiǎo

추안
□ 穿 입다
chuān

페이
□ 配 어울리다
pèi

투오
□ 脱 벗다
tuō

씨 푸
□ 西服 양복
xī fú

하오 칸
□ 好看 아름답다
hǎo kàn

샹 이
□ 上衣 윗옷, 상의
shàng yī

피아오 리앙
□ 漂亮 예쁘다
piào liang

쿠 즈
□ 裤子 바지
kù zi

페이
□ 肥 헐겁다
féi

췬 즈
□ 群子 치마
qún zi

쏭
□ 松 느슨하다
sōng

천 쌴
□ 衬衫 셔츠, 와이셔츠
chèn shān

진
□ 紧 꼭 끼다
jǐn

마오 이
□ 毛衣 스웨터
máo yī

흐어 썬
□ 合身 (옷이) 몸에 맞다
hé shēn

따 이
□ 大衣 외투
dà yī

츠 춘
□ 尺寸 치수, 크기
chǐ cùn

쉐이 이
□ 睡衣 잠옷
shuì yī

拿手比了比大小。

나 쇼우 비 러 비 따 샤오
ná shǒu bǐ le bǐ dà xiǎo

손으로 크기를 비교하다.

把绳子紧一下。

바 성 즈 진 이 씨아
bǎ shéng zi jǐn yí xià

끈을 꼭 매세요.

A 你需要松的还是紧的?

니 쉬 야오 쏭 더 하이 쓰 진 더
nǐ xū yào sōng de hái shi jǐn de

당신은 느슨한 것을 원하세요 아니면 꽉끼는 것을 원하세요?

B 你给我做肥一点儿。

니 게이 워 쭈오 페이 아 디얼
nǐ gěi wǒ zuò féi yì diǎnr

약간 넉넉하게 만들어 주세요.

A 你穿什么尺寸的?

니 추안 션 머 츠 춘 더
nǐ chuān shén me chǐ cùn de

당신은 어떤 크기의 옷을 입습니까?

B 中号的。중간 정도요.

쭝 하오 더
zhōng hào de

既 A 又 B의 용법

동시에 A와 B 두 방면의 상황 혹은 성질을 갖고 있음을 나타낸다.

他既会日语又会英语。그는 일어뿐 아니라 영어도 할 줄 안다.

타 지 후이르 위 요우 후이 잉 위
tā jì huì rì yǔ yòu huì yīng yǔ

房间既宽敞又明亮。방이 넓기도 하고 밝기도 하다.

팡 찌엔지 콴 창 요우 밍 리앙
fáng jiān jì kuān chǎng yòu míng liàng

30 색과 무늬

얜 써 □ **颜色** 색 yán sè	안 □ **暗** 어둡다 àn
훙 써 □ **红色** 붉은색 hóng sè	딴 □ **淡** 옅다 dàn
바이 써 □ **白色** 흰색 bái sè	썬 □ **深** 진하다 shēn
헤이 써 □ **黑色** 검은색 hēi sè	따이 화 □ **带花** 꽃무늬 dài huā
후앙 써 □ **黄色** 노랑색 huáng sè	팡 거 □ **方格** 격자무늬 fāng gé
뤼 써 □ **绿色** 녹색 lǜ sè	티아오 원 □ **条纹** 줄무늬 tiáo wén
란 써 □ **蓝色** 청색 lán sè	메이 리 □ **美丽** 아름답다 měi lì
후이 써 □ **灰色** 회색 huī sè	짱 □ **脏** 더럽다 zāng
푸 써 □ **肤色** 피부색 fū sè	포 지우 □ **破旧** 퇴색하다 pò jiù
꾸앙 리앙 □ **光亮** 밝다 guāng liàng	신 더 □ **新的** 새것 xīn de

쮀이 찐 더 이 푸 앤 써 흐어 양 즈 비 이 치엔 더 피아오 리앙
最近的衣服颜色和样子比以前的漂亮。
zuì jìn de yī fu yán sè hé yáng zi bǐ yǐ qián de piào liang
요즘 옷의 색과 모양은 예전에 비해 예쁘다.

쩌 쫑 앤 써 타이 딴 러
这种颜色太淡了。
zhè zhǒng yán sè tài dàn le
이 색은 너무 옅다.

니 씨 환 션 머 앤 써
A **你喜欢什么颜色?**
nǐ xǐ huan shén me yán sè
당신은 어떤 색을 좋아합니까?

워 씨 환 훙 더
B **我喜欢红的。**
wǒ xǐ huan hóng de
빨간색을 좋아합니다.

워 더 이 푸 짱 러
A **我的衣服脏了。**
wǒ de yī fu zāng le
내 옷이 더러워졌어.

니 야오 환 샹 깐 찡 더 추안
B **你要换上干净的穿。**
nǐ yào huàn shàng gān jìng de chuān
깨끗한 것으로 갈아 입어야겠네.

哪儿的话의 용법

상대방이 자기에게 감사의 뜻이나 찬양을 나타낼 때 대답에 "哪儿的话"를 사용하여 겸양의 뜻을 표시할 수 있다.

타이 마 판 닌 러
太麻烦您了。 폐가 많았습니다.
tài má fan nín le

날 더 화 비에 커 치
哪儿的话,别客气。 아닙니다. 별말씀을요.
nǎr de huà bié kè qi

알아두면
도움이 되는 단어

01 얼굴의 명칭

토우 파
- 头发 머리카락
tóu fa

지에 마오
- 睫毛 속눈썹
jié máo

치엔 으어
- 前额 이마
qián é

띠아오 앤 지아오
- 吊眼角 눈을 치켜뜨다
diào yǎn jiǎo

앤 찡
- 眼睛 눈
yǎn jīng

비 콩
- 鼻孔 콧구멍
bí kǒng

짱 카이
- 张开 (눈을) 크게 뜨다
zhāng kāi

씽 삐즈
- 擤鼻子 코를 풀다
xǐng bí zi

삐 앤
- 闭眼 (눈을) 감다
bì yǎn

얼 뚜오
- 耳朵 귀
ěr duo

자 앤
- 眨眼 눈을 깜박거리다
zhǎ yǎn

처 얼
- 侧耳 귀를 귀울이다
cè ěr

메이 마오
- 眉毛 눈썹
méi mao

타오 얼 두오
- 掏耳朵 귀를 후비다
tāo ěr duo

쩌우 메이
- 皱眉 눈살을 찌푸리다
zhòu méi

쭈이 바
- 嘴巴 입, 빰
zuǐ ba

앤 피
- 眼皮 눈꺼풀
yǎn pí

쭈이 춘
- 嘴唇 입술
zuǐ chún

딴 앤 피
- 单眼皮 외겹눈
dān yǎn pí

씨아 바
- 下巴 턱
xià ba

야오 저 얼 뚜오 쑤오 화
咬着耳朵说话。
yǎo zhe ěr duo shuō huà
귓속말로 이야기하다.

따 이 거 쭈이 바
打一个嘴巴。
dǎ yí ge zuǐ ba
뺨을 한 대 때리다.

니 앤 찡 헌 쓰 허 니 더 리엔 씽
A **你眼镜很适合你的脸型。**
nǐ yǎn jìng hěn shì hé nǐ de liǎn xíng
안경이 너 얼굴과 잘 어울린다.

씨에 씨에 쩌 쓰 빠 빠 더 셩 르 리 우
B **谢谢，这是爸爸的生日礼物。**
xiè xie zhè shì bà ba de shēng ri lǐ wù
고마워. 아빠가 주신 생일 선물이야.

쿤 더 워 앤 피 즈 따 찌아
A **困得我眼皮直打架。** 나는 피곤하여 눈꺼풀이 자꾸 감긴다.
kùn de wǒ yǎn pí zhí dǎ jià

나 잉 가이 씨우 씨
B **那应该休息。** 그러면 쉬어야 해.
nà yīng gāi xiū xi

오뚜 **不太 + 동사/형용사의 용법**

부정의 정도를 약화시켜 주며 어감을 완곡하게 한다.

찌엔 캉 부 타이 하오
健康不太好。 건강이 별로 좋지 않습니다.
jiàn kāng bú tài hǎo

쩌 리 똥 티엔 부 타이 렁
这里冬天不太冷。 이곳의 겨울은 그다지 춥지 않습니다.
zhè li dōng tiān bú tài lěng

02 손, 발, 머리의 움직임

나
□ 拿 (손으로) 잡다
ná

타이
□ 抬 들다
tái

투이
□ 推 밀다
tuī

와
□ 挖 파다, 파내다
wā

쭈오
□ 捉 (손을) 잡다
zhuō

니우
□ 扭 비틀다
niǔ

꾸아
□ 挂 걸다
guà

팡
□ 放 놓아두다
fàng

쑤아이 따오
□ 摔倒 엎어져 넘어지다
shuāi dǎo

뻬이
□ 背 업다
bēi

파
□ 爬 기어오르다
pá

용
□ 用 사용하다
yòng

씨앙
□ 想 생각하다
xiǎng

까오 수
□ 告诉 알리다
gào su

쇼우 후이
□ 收回 취소하다
shōu huí

왕 지
□ 忘记 잊다
wàng jì

지
□ 记 기억하다
jì

쭈 이
□ 注意 주의하다
zhù yì

레이
□ 累 피로하다
lèi

쯔 따오
□ 知道 알다
zhī dao

칭 나 팡 삐엔 더 나 거 게이 워 칸 칸
请拿旁边的那个给我看看。
qǐng ná páng biān de nà ge gěi wǒ kàn kan

옆에 있는 것을 저에게 (집어서) 보여주세요.

뿌 야오 바 씽 리 팡 짜이 썰
不要把行李放在这儿。 물건을 여기에 두지 마세요.
bú yào bǎ xíng li fàng zài zhèr

니 비에 왕 찌 아
A **你别忘记啊。** 너는 잊어서는 안된다.
nǐ bié wàng jì a

워 후이 라오 찌 더
B **我会牢记的。** 명심하겠어요.
wǒ huì láo jì de

쭈 이 안 취엔 바
A **注意安全吧。** 안전에 주의해라.
zhù yì ān quán ba

비에 딴 신 워 이 징 씨 관 러
B **别担心,我已经习惯了。**
bié dān xīn wǒ yǐ jing xí guàn le

걱정하지 마세요, 나는 이미 습관이 되었어요.

先 A 再 B의 용법

A 와 B 두 동작의 선후 순서를 강조한다.

워 씨엔 쉐에 잉 위 이 호우 짜이 쉐에 한 위
我先学英语,以后再学汉语。
wǒ xiān xué yīng yǔ yǐ hòu zài xué hàn yǔ
나는 영어를 먼저 배우고, 중국어를 배울 것이다.

잔 먼 씨엔 취 인 항 짜이 취 바이 후오 상 띠엔
咱们先去银行,再去百货商店。
zán men xiān qù yín háng zài qù bǎi huò shāng diàn
우리들은 우선 은행에 들렀다가, 백화점에 간다.

03 사람의 성격

피 치
□ **脾气** 성격, 기질
pí qi

지아오 화
□ **狡猾** 교활하다
jiǎo huá

런 쩐
□ **认真** 진지하다
rèn zhēn

친 치에
□ **亲切** 친절하다
qīn qiè

라오 쓰
□ **老实** 성실하다
lǎo shi

찌아오 아오
□ **骄傲** 교만하다
jiāo ào

카이 랑
□ **开朗** 명랑하다
kāi lǎng

랴오 뿌 치
□ **了不起** 비범하다
liǎo bu qǐ

찌 지
□ **积极** 적극적이다
jī jí

츠 씨앙
□ **吃香** 인기있다
chī xiāng

후오 포
□ **活泼** 생기있다
huó po

핀 밍
□ **拼命** 적극적으로 하다
pīn mìng

지 링
□ **机灵** 영리하다
jī líng

타오 앤
□ **讨厌** 혐오스럽다
tǎo yàn

요우 리 마오
□ **有礼貌** 예의바르다
yǒu lǐ mào

(요우) 썽 치
□ **(有)生气** 생기가 있다, 화가 나다
(yǒu) shēng qì

지에 추
□ **杰出** 출중하다
jié chū

총 밍
□ **聪明** 총명하다
cōng ming

웨이 따
□ **伟大** 위대하다
wěi dà

앤 거
□ **严格** 엄격하다
yán gé

타 션 머 쓰 또우 핀 밍 깐
他什么事都**拼命**干。　　그는 어떤 일이든 열심히 한다.
tā shén me shì dōu pīn mìng gàn

나 총 밍 더 하이 즈 쓰 쉐이 야
那**聪明**的孩子是谁呀?　　저 총명한 아이는 누구입니까?
nà cōng ming de hái zi shì shéi ya

쩌얼 더 푸 우 위엔 타이 뚜 쩐 머 양
A 这儿的服务员态度怎么样?
zhèr de fú wù yuán tài du zěn me yàng

이곳의 종업원의 태도는 어때?

쩔더 더 푸 우 위엔 또우 헌 요우 리 마오
B 这儿的服务员都很**有礼貌**。
zhèr de fú wù yuán dōu hěn yòu lǐ mào

이곳의 종업원은 모두 예절이 바르다.

타 짜이 쉐 샤오 츠 씨앙 더 리 요우 쓰 션 머
A 他在学校**吃香**的理由是什么?
tā zài xué xiào chī xiāng de lǐ yóu shì shén me

그가 학교에서 인기가 있는 이유가 뭐지?

쩌 쓰 인 웨이 타 더 씽 거 지 지 삥 치에 친 치에
B 这是因为他的性格**积极**并且**亲切**。
zhè shì yīn wèi tā de xìng gé jǐ jí bìng qiě qīn qiè

그것은 그의 성격이 적극적이고 친절하기 때문이야.

오또 由의 용법

동작의 주체를 나타내므로 일이 누구에 의해 행해지는가를 알리는 것
이다.

쩌 찌엔 쓰 요우 타 푸 저
这件事由他负责。 이 일은 그가 맡는다.
zhè jiàn shì yóu tā fù zé

워 칭 커 땅 란 요우 워 푸 치엔 라
我请客,当然由我付钱啦。
wǒ qǐng kè dāng rán yóu wǒ fù qián la

내가 한턱 내는 것이니, 마땅히 내가 돈을 내야 한다.

04 감정표현

깐 따오
□ 感到 생각하다
gǎn dào

찌아오 지
□ 焦急 초조해 하다
jiāo jí

쥐에 더
□ 觉得 느끼다
jué de

판 왕
□ 盼望 간절히 바라다
pàn wàng

까오 씽
□ 高兴 기뻐하다
gāo xìng

런 쇼우
□ 忍受 참다
rěn shòu

성 치
□ 生气 화내다
shēng qì

후아이 이
□ 怀疑 의심하다
huái yí

뿌 만
□ 不满 불만족하다
bù mǎn

파
□ 怕 무서워하다
pà

쿠
□ 哭 울다
kū

호우 후이
□ 后悔 후회하다
hòu huǐ

마
□ 骂 욕하다
mà

씽 펀
□ 兴奋 흥분하다
xīng fèn

차오 찌아
□ 吵架 말다툼하다
chǎo jià

통 쿠
□ 痛苦 괴롭다
tòng kǔ

따 찌아
□ 打架 싸우다
dǎ jià

커 씨아오
□ 可笑 우습다
kě xiào

딴 씬
□ 担心 걱정하다
dān xīn

꾸 두
□ 孤独 외롭다, 쓸쓸하다
gū dú

타 치 더 마 러 타 이 뚠
他气得骂了她一顿。　　그는 화가 나서 그녀에게 욕을 했다.
tā qì de mà le tā yí dùn

워 요우 파 렁 요우 파 러어
我又怕冷又怕热。　　나는 추운 것도 더운 것도 싫다.
wǒ yòu pà lěng yòu pà rè

니 더 리우 쉐 성 후오 쩐 머 양
A 你的留学生活怎么样?　　유학 생활은 어떠한가요?
nǐ de liú xué shēng huó zěn me yàng

워 쥐에 더 요우 디알 꾸 두
B 我觉得有点儿孤独。　　조금 외로워요.
wǒ jué de yǒu diǎnr gū dú

타 카오 쓰 흐어 그어 러 마
A 他考试合格了吗?　　그는 시험에 합격했나요?
tā kǎo shì hé gé le ma

팅 따오 카오 쓰 흐어 그어 더 쌰오 씨 타 헌 까오 씽
B 听到考试合格的消息,他很高兴。
tīng dào kǎo shì hé gé de xiāo xi tā hěn gāo xìng

합격 소식을 듣고, 그는 매우 기뻐했다.

오
또

数 + 명사/대명사의 용법

어떤 사람 혹은 사물의 이름이 제일 두드러지거나 정도가 제일 높음을
나타낸다. "数"의 앞에는 흔히 "要"를 덧붙인다.

워 먼 퉁 쉐 쫑 수 타 쉐 씨 쭈이 하오
我们同学中数他学习最好。
wǒ men tóng xué zhōng shǔ tā xué xí zuì hǎo
우리 학우 중 그가 공부를 제일 잘한다.

뚱 우 쫑 야오 수 씨옹 마오 쭈이 커 아이 러
动物中要数熊猫最可爱了。
dòng wù zhōng yào shǔ xióng māo zuì kě ài le
동물 중에서 판다가 제일 귀엽다.

05 무역거래 용어

쌍 탄
□ 商谈 상담하다
shāng tán

용 진
□ 佣金 수수료
yòng jīn

(띵) 흐어 통
□ (订)合同 계약을 체결하다
(dìng) hé tóng

쭈앙 추안
□ 装船 선적하다
zhuāng chuán

치엔 쯔
□ 签字 사인하다 (서명하다)
qiān zì

쑤오 페이
□ 索赔 클레임 (변상을 요구하다)
suǒ péi

추 코우
□ 出口 수출하다
chū kǒu

흐어 쭈오
□ 合作 합작하다
hé zuò

찐 코우
□ 进口 수입하다
jìn kǒu

투이 샤오 위엔
□ 推销员 판매원
tuī xiāo yuán

쭈안 코우 마오 이
□ 转口贸易 중계무역
zhuǎn kǒu mào yì

창 찌아
□ 厂家 제조업자
chǎng jiā

빠오 판
□ 报盘 견적
bào pán

커 후
□ 客户 고객
kè hù

빠오 찌아
□ 报价 가격을 내다
bào jià

양 핀
□ 样品 카탈로그, 견본
yàng pǐn

띵 후오
□ 订货 주문하다
dìng huò

파이 하오
□ 牌号 상표
pái hào

찌아오 후오 치
□ 交货期 납기일
jiāo huò qī

청 번
□ 成本 원가, 생산비
chéng běn

견 췬 쫑 허 쭈오 더 헌 하오

跟群众合作得很好。　　대중과 잘 협력하다.
gēn qún zhòng hé zuò de hěn hǎo

니 먼 쥐 더 워 먼 딩 더 후오 쩐 머 양

A 你们觉得我们订的货怎么样?
nǐ men jué de wǒ men dìng de huò zěn me yàng

우리의 주문에 대해 어떻게 생각하십니까?

워 먼 찐 커 넝 만 주 니 먼 더 야오 치오 칭 티엔 이

B 我们尽可能满足你们的要求,请填一
wǒ men jǐn kě néng mǎn zú nǐ men de yào qiú qǐng tián yí

씨아 띵 후오 딴

下订货单。 우리는 당신들의 요구에 만족합니다. 주문서를 기록해 주세요.
xià dìng huò dān

니 먼 따오 션 머 쓰 호우 넝 찌아오 후오

A 你们到什么时候能交货?
nǐ men dào shén me shí hou néng jiāo huò

(당신들은) 언제까지 납기를 맞출 수 있습니까?

워 먼 야오 싼 거 위에

B 我们要三个月。　　3개월은 필요하겠습니다.
wǒ men yào sān ge yuè

오또 **怎么回事의 용법**

어떤 상황이나 원인에 대하여 이해를 못할때 "怎么回事"를 사용하여 의문을 제기할 수 있다.

치 처 웨이션 머 팅 러

汽车为什么停了? 차가 왜 섰지?
qì chē wèi shén me tíng le

쩌 쓰 쩐 머 후이쓰

这是怎么回事? 어떻게 된 일이지?
zhè shì zěn me huí shì

06 스포츠 용어

타 위 윈 똥
□ 体育运动 스포츠
tǐ yù yùn dòng

요우 용
□ 游泳 수영
yóu yǒng

티엔 찡 싸이
□ 田径赛 육상경기
tián jìng sài

요우 용 츠
□ 游泳池 수영장
yóu yǒng chí

파오
□ 跑 달리다
pǎo

화 쉬에
□ 滑雪 스키(를 타다)
huá xuě

마 라 쏭
□ 马拉松 마라톤
mǎ lā sōng

화 삥
□ 滑冰 스케이트(를 타다)
huá bīng

티아오
□ 跳 (껑충) 뛰다
tiào

따 치우
□ 打球 구기를 하다
dǎ qiú

티아오 까오
□ 跳高 높이뛰기
tiào gāo

빵 치우
□ 棒球 야구
bàng qiú

티아오 위엔
□ 跳远 넓이뛰기
tiào yuǎn

왕 치우
□ 网球 테니스
wǎng qiú

토우 쯔
□ 投掷 창던지기
tóu zhì

핑 팡 치우
□ 乒乓球 탁구
pīng pāng qiú

쥐 쫑
□ 举重 역도
jǔ zhòng

티
□ 踢 차다
tī

티 차오
□ 体操 체조
tǐ cāo

쭈 치우
□ 足球 축구
zú qiú

他**跑**得很快。
tā pǎo de hěn kuài
그는 달리기를 잘한다.

如今**体育运动**变得越来越重要了
rú jīn tǐ yù yùn dòng biàn de yuè lái yuè zhòng yào le
오늘날 스포츠는 갈수록 중요해진다.

A 你会**游泳**吗?
nǐ huì yóu yǒng ma
수영 할 줄 아세요?

B 不会,我爱好**打球**。
bú huì wǒ ài hào dǎ qiú
못해요, 난 구기 종목을 좋아해요.

A 你喜欢什么体育运动?
nǐ xǐ huan shén me tǐ yù yùn dòng
어떤 운동을 좋아하십니까?

B 我喜欢**滑冰**。
wǒ xǐ huan huá bīng
나는 스케이트 타기를 좋아합니다.

동사 + 不의 용법

동사·형용사 또는 다른 부사앞에 "不"를 넣어 부정과 불가능을 표시한다.

这个电影大家都看不明白。이 영화는 아무도 이해하지 못한다.
zhè ge diàn yǐng dà jiā dōu kàn bu míng bai

我听不懂他的话。나는 그의 말을 알아듣지 못하겠다.
wǒ tīng bù dǒng tā de huà

07 운동 경기

비 싸이
- 比赛 시합, 경기
bǐ sài

비
- ~比 ~대~ (몇 대 몇)
bǐ

후오 성
- 获胜 승리하다
huò shèng

쑤
- 输 지다, 패하다
shū

쥐에 싸이
- 决赛 결승전
jué sài

빤 쥐에 싸이
- 半决赛 준결승
bàn jué sài

잉
- 赢 이기다
yíng

진 비아오 싸이
- 锦标赛 선수권대회
jǐn biāo sài

아오 린 피 커
- 奥林匹克 올림픽
ào lín pǐ kè

야 윈 후이
- 亚运会 아시안게임
yà yùn huì

티 위 꾸안
- 体育馆 체육관
tǐ yù guǎn

티 위 창
- 体育场 운동장, 스타디움
tǐ yù chǎng

찬 찌아
- 参加 참가하다
cān jiā

뚜이
- 队 팀
duì

꾸안 칸
- 观看 관전하다
guān kàn

찌아 요우
- 加油 응원하다
jiā yóu

이에 위
- 业余 아마추어의
yè yú

즈 이에
- 职业 프로의
zhí yè

꾸안 쮠
- 冠军 우승
guàn jūn

야 쮠
- 亚军 준우승
yà jūn

니 꾸 찌 쉐이 넝 후오 셩
你估计谁能获胜?   (당신은) 누가 승리하리라 생각합니까?
nǐ gū jì shuí néng huò shèng

타 먼 더 멍 씨양 쓰 찬 지아오 린 피 커
他们的梦想是参加奥林匹克。
tā men de mèng xiǎng shì cān jiā ào lín pǐ kè
그들의 꿈은 올림픽 참가이다.

찐 완 쓰 쉐이 껀 쉐이 비 싸이
A **今晚是谁跟谁比赛?**
jīn wǎn shì shuí gēn shuí bǐ sài
오늘 저녁 어느팀과 어느팀이 경기를 합니까?

쓰 쇼우 얼 뚜이 뚜이 베이 찡 뚜이
B **是首尔队对北京队。**   서울팀과 북경팀이 합니다.
shì shǒu ěr duì duì běi jīng duì

워 요우 용 쓰 게이 러 타
A **我游泳输给了她。**   나는 수영에서 그녀에게 졌다.
wǒ yóu yǒng shū gěi le tā

하이 씽 씨아 츠 니 이 띵 잉
B **还行,下次你一定赢。** 괜찮아, 다음에는 반드시 이길거야.
hái xíng xià cì nǐ yí dìng yíng

真의 용법

"참되다, 정말이다, 진실이다"의 뜻이며, "真" 단독으로 술어가 될 수 없다.

쩌 빤 파 쩐 하오 쩐 하오 츠
这办法真好。真好吃。 이 방법은 참 좋다. 참 맛있다.
zhè bàn fǎ zhēn hǎo　zhēn hǎo chī

니 쩐 넝 깐
你真能干。 당신은 참 유능하다.
nǐ zhēn néng gàn

08 예술에 관하여

띠엔 잉 □ 电影 영화 diàn yǐng	꺼 씽 □ 歌星 가수 gē xīng
꾸 쓰 피엔 □ 故事片 극영화 gù shì piàn	밍 씽 □ 明星 스타 míng xīng
똥 화 피엔 □ 动画片 만화영화 dòng huà piàn	꾸 장 □ 鼓掌 박수 gǔ zhǎng
찌 루 피엔 □ 记录片 기록영화 jì lù piàn	씨에 무 □ 谢幕 커튼콜 xiè mù
얜 위엔 □ 演员 배우 yǎn yuán	띠엔 잉 위엔 □ 电影院 영화관 diàn yǐng yuàn
따오 얜 □ 导演 감독, 연출가 dǎo yǎn	쮜 창 □ 剧场 극장 jù chǎng
쭈 지아오 □ 主角 주연 zhǔ jiǎo	잉 미 □ 影迷 팬 (영화) yǐng mí
페이 지아오 □ 配角 조연 pèi jiǎo	쇼우 환 잉 □ 受欢迎 인기를 끌다 shòu huān yíng
화 쮜 □ 话剧 대화극 huà jù	추 써 □ 出色 걸작이다 chū sè
자 찌 □ 杂技 서커스, 곡예 zá jì	비아오 얜 □ 表演 공연하다 biǎo yǎn

쌰오 하이 즈 먼 헌 씨 환 똥 화 피엔
小孩子们很喜欢动画片。
xiǎo hái zi men hěn xǐ huan dòng huà piàn

어린 아이들은 만화영화를 매우 좋아한다.

워 뻬이 얜 위엔 더 비아오 얜 미 쭈 러
我被演员的表演迷住了。 나는 연기자들의 연기에 매료되었다.
wǒ bèi yǎn yuán de biǎo yǎn mí zhù le

쩌 띠엔 잉 더 쭈 지아오 쓰 쉐이
A **这电影的主角是谁？** 이 영화의 주인공은 누구입니까?
zhè diàn yǐng de zhǔ jiǎo shì shéi

타 쓰 쨩 즈 이
B **她是章子怡。** 짱즈이입니다.
tā shì zhāng zi yí

나 뿌 띠엔 잉 짜이 나 쮜 챵 얜
A **那部电影在哪剧场演？**
nà bù diàn yǐng zài nǎ jù chǎng yǎn

그 영화는 어느 극장에서 상영합니까?

워 팅 쑤오 짜이 베이 징 쮜 챵
B **我听说，在北京剧场。** 북경극장에서 상영하는 것으로 들었습니다.
wǒ tīng shuō zài běi jīng jù chǎng

从의 용법

"~로 부터, ~에서"의 뜻으로 지점, 위치를 표시하는 단어 앞에 쓰여 동작의 출발점을 표시한다.

워 총 쭝 구어 라이
我从中国来。 나는 중국에서 왔다.
wǒ cóng zhōng guó lái

총 쉬에 샤오 따오 후오 처 짠 위엔 마
从学校到火车站远吗？ 학교에서 기차역까지 멉니까?
cóng xué xiào dào huǒ chē zhàn yuǎn ma

09 보도에 관하여

샤오 씨
□ 消息 뉴스, 소식
xiāo xi

꾸앙 뿨어
□ 广播 방송하다
guǎng bō

빠오 칸
□ 报刊 정기간행물
bào kān

띠엔 타이
□ 电台 방송국
diàn tái

자 쯔
□ 杂志 잡지
zá zhì

띠엔 쓰 타이
□ 电视台 T.V 방송국
diàn shì tái

샤오 쑤오
□ 小说 소설
xiǎo shuō

씬 원
□ 新闻 뉴스
xīn wén

수이 비
□ 随笔 수필, 에세이
suí bǐ

핀 따오
□ 频道 채널
pín dào

삐엔 지
□ 编辑 편집(하다)
biān jí

지에 무
□ 节目 프로그램
jié mù

판 이
□ 翻译 번역(하다)
fān yì

뿨어 쏭
□ 播送 방송하다
bō sòng

인 쑤아
□ 印刷 인쇄(하다)
yìn shuā

총 뿨어
□ 重播 재방송하다
chóng bō

파 씽
□ 发行 발행(하다)
fā xíng

빠오 써
□ 报社 신문사
bào shè

샤오 처 즈
□ 小册字 팜플렛, 소책자
xiǎo cè zi

빠오 따오
□ 报道 보도하다
bào dào

쩌 번 샤오 쑤오 요우 이 쓰 마
这本小说有意思吗?
zhè běn xiǎo shuō yǒu yì si ma

이 소설은 재미 있습니까?

쭝 양 런 민 꾸앙 뽀어 띠엔 타이 더 띠 이 타오 지에 무
中央人民广播电台的第一套节目。
zhōng yāng rén mín guǎng bō diàn tái de dì yí tào jié mù

중앙 인민방송국 첫 번째 프로그램입니다.

지 띠엔 요우 씬 원 지에 무
A **几点有新闻节目?**
jǐ diǎn yǒu xīn wén jié mù

뉴스 방송은 몇 시에 있나요?

지우 핀 따오 지우 띠엔 요우 씬 원 지에 무
B **九频道九点有新闻节目。**
jiǔ pín dào jiǔ diǎn yǒu xīn wén jié mù

9번에서 9시에 뉴스 방송이 있습니다.

니 쩐 머 더 따오 씬 씨 더
A **你怎么得到信息的?**
nǐ zěn me dé dào xìn xī de

너는 어떻게 정보를 얻니?

워 메이 티엔 칸 씬 원 지에 무
B **我每天看新闻节目。**
wǒ měi tiān kàn xīn wén jié mù

나는 매일 뉴스를 봐.

오뚜또 **是 … 的의 용법**

어떤 동작의 발생시간, 지점, 방법을 강조한다. "是"는 강조, 설명하는 말의 앞에 (생략가능) 쓰이며, "的"는 어구의 끝에 사용한다.

워 쓰 총 뻬이 찡 라이 더
我是从北京来的。 나는 북경에서 왔습니다.
wǒ shì cóng běi jǐng lái de

타 쓰 치엔 티엔 라이 더
他是前天来的。 그는 그저께 왔습니다.
tā shì qián tiān lái de

10 자연지리

□ 土地 토지
투 띠
tǔ dì

□ 河 강, 하천
흐어
hé

□ 草原 초원
차오 위엔
cǎo yuán

□ 江 강
찌앙
jiāng

□ 森林 삼림, 숲
썬 린
sēn lín

□ 海 바다
하이
hǎi

□ 田地 논밭
티엔 띠
tián dì

□ 海峡 해협
하이 씨아
hǎi xiá

□ 山 산
싼
shān

□ 海边儿 해변
하이 삐알
hǎi biānr

□ 山脉 산맥
싼 마이
shān mài

□ 波浪 파도
뽀어 랑
bō làng

□ 山脚 산기슭
싼 지아오
shān jiǎo

□ 大陆 대륙
따 루
dà lù

□ 山坡 산비탈
싼 포
shān pō

□ 半岛 반도
빤 따오
bàn dǎo

□ 丘陵 언덕, 구릉
치우 링
qiū líng

□ 岛屿 섬
따오 위
dǎo yǔ

□ 荒地 황무지
후앙 띠
huāng dì

□ 池塘 연못
츠 탕
chí táng

쫑 구어 투 띠 랴오 쿠오
中国土地辽阔。
zhōng guó tǔ dì liáo kuò

중국의 영토는 광대하다.

찌앙 삐엔 상 마이 쉐이
江边上卖水。
jiāng biān shàng mài shuǐ

강변에서 물을 팔다. (어리석다)

나 리 성 찬 션 머
A 那里盛产什么?
nà li shèng chǎn shén me

저 지역에는 무엇이 많이 생산 되나요?

나 리 요우 썬 린 메이 쿠앙
B 那里有森林煤矿。
nà li yǒu sēn lín méi kuàng

거기에는 삼림과 석탄광이 있다.

니 더 꾸 씨앙 쓰 션 머 띠 팡
A 你的故乡是什么地方?
nǐ de gù xiāng shì shén me dì fang

너의 고향은 어느 지방이니?

워 더 찌아 짜이 베이 뿌 흐어 룽 찌앙 성
B 我的家在北部黑龙江省。
wǒ de jiā zài běi bù hēi lóng jiāng shěng

우리 집은 북부 흑룡강성에 있다.

把 + 명사1 + 동사 + 在(到) + 명사2의 용법

"把~"가 반드시 들어가며 명사1은 동작의 대상이고, 명사2는 존재 또는 도달의 장소이다.

칭 바 이 푸 팡 짜이 꾸이즈 리 바
请把衣服放在柜子里把。 옷을 옷장 안에 넣으세요.
qǐng bǎ yī fu fàng zài guì zi lǐ ba

칭 바 처 카이 따오 판 띠엔 먼 코우
请把车开到饭店门口。 차를 호텔 문까지 몰아 주십시오.
qǐng bǎ chē kāi dào fàn diàn mén kǒu

색인

궁금한 건 그때그때
찾아볼 수 있는
한글 단어 색인

색인

색인

색인

색인

색인

색인

ㅈ

색인

ㅊ

ㅋ

ㅌ

ㅍ

ㅎ

색인